SCANDINAVIAN HOMES

SKANDINAVISCHES WOHNEN
INTÉRIEURS SCANDINAVES
SCANDINAVISCHE HUIZEN

Edited by Macarena San Martín

Art director:
Mireia Casanovas Soley

Editorial coordination:
Simone Schleifer

Project coordination:
Macarena San Martín

Texts:
Esther Moreno

Layout:
Anabel Naranjo

Translations coordination: Equipo de Edición, Barcelona.
Translations: Heike Reissig, Bonalingua Übersetzungen (German). Rachel Burden (English). Anne Dumail (French), Fennie Steenhuis, Persklaar (Dutch)

Editorial project:
2008 © LOFT Publications I Via Laietana, 32, 4.°, Of. 92 I 08003 Barcelona, Spain
Tel.: +34 932 688 088 Fax: +34 932 687 073 I loft@loftpublications.com I www.loftpublications.com

ISBN 978-84-96936-24-9

Printed in China

Cover photo: © Bent Renè Synnevag
Back cover photo: © Div.A Arkitekter, Michael Perlmutter

If you would like to propose works to include in our upcoming books, please email us at loft@loftpublications.com.

In some cases it has been impossible to locate copyright owners of the images published in this book. Please contact the publisher if you are the copyright owner of any of the images published here.

SCANDINAVIAN HOMES

SKANDINAVISCHES WOHNEN
INTÉRIEURS SCANDINAVES
SCANDINAVISCHE HUIZEN

Edited by Macarena San Martín

KOLON

„Qualität entsteht niemals durch Zufall; sie ist stets das Resultat intelligenter Anstrengung."

John Ruskin, britischer Kritiker und Autor

"Quality is never an accident; it is always the result of intelligent effort."

John Ruskin, British critic and writer

« La qualité n'est jamais un accident, c'est toujours le résultat d'un effort intelligent. »

John Ruskin. Critique d'art et écrivain britannique

"Kwaliteit komt nooit per ongeluk tot stand, maar is altijd het resultaat van intelligente inspanning."

John Ruskin, Brits criticus en schrijver

5

Dieses Gästehaus, dessen Gestaltung von den örtlichen Fischerhäusern inspiriert wurde, ist ein schönes Beispiel dafür, wie sich ein Gebäude auf schlichte und minimalistische Weise in die umliegende Landschaft integrieren lässt. Die Struktur besteht aus einem mit Basalt überzogenen Betonblock und einem Kupferskelett, das zugleich als Fassade und Dach fungiert.

This guest house was inspired by the local fishermen's houses, and is a beautiful example of how a building can integrate with the countryside surrounding it in a simple and minimalist way. The structure consists of a block of concrete covered in basalt and a skeleton of copper, which makes the façade and the roof at the same time.

GUEST HOUSE AT NISSUM BREDNING

KHR Arkitekter

Nissum Bredning, Denmark

Cette maison d'hôtes est inspirée des maisons de pêcheurs de la région. C'est un bel exemple d'intégration d'un bâtiment à la fois simple et minimaliste dans le paysage alentour. La structure est composée d'un bloc de béton recouvert de basalte, et d'une charpente en cuivre qui sert à la fois de façade et de toit.

Het ontwerp van dit gastenverblijf is geïnspireerd op de vissershuizen van het gebied. Het is een mooi voorbeeld van hoe een bouwwerk op een eenvoudige, minimalistische manier in het omringende landschap kan opgaan. De constructie bestaat uit een met basalt afgewerkt blok beton en een koperen draagconstructie die tegelijkertijd gevel en dak is.

Eine Dachfensterreihe fungiert als räumliche Trennlinie zwischen dem Bereich der Privaträume mit Südblick und dem offen gestalteten Gemeinschaftsbereich mit Blick in die anderen drei Himmelsrichtungen.

A skylight spatially divides the south facing closed area, where the private rooms are located, from the more open space used for the communal areas, which have views in the other three directions.

Une lucarne sépare l'espace fermé orienté au sud, où se trouvent les pièces privées, de l'espace plus ouvert des pièces communes, avec orientation nord, est et ouest.

Een dakvenster scheidt het deel met de privévertrekken, die uitzien op het zuiden, ruimtelijk af van het open gedeelte met de gemeenschappelijke vertrekken, die uitzien op de andere drie windrichtingen.

Dieses Haus war 2005 für den „Mies van der Rohe Preis für Zeitgenössische Architektur" der EU vorgeschlagen. Die minimalistische Struktur besteht aus einem Betonblock, den ein originelles Zusammenspiel verschiedener Flächen und Rauminhalte auszeichnet. Bei der Fassade wurde Glas mit Elementen aus Holz kombiniert, um den horizontalen Aspekt der Struktur aufzubrechen.

This house was nominated for the 2005 Mies van der Rohe Award for Contemporary Architecture in the European Union. The minimalist structure is a block of concrete which plays with different planes and volumes. The façade delicately combines glass with elements of wood that break up the horizontal aspect of the structure.

B20 PRIVATE RESIDENCE

P.K. Hönnun Arkitektar

Taeknivangur Engineers, Lumex (consultants)

Reykjavík, Iceland

Cette maison particulière a été nominée au Prix Mies van der Rohe 2005 d'Architecture Contemporaine de l'Union Européenne. Sa structure minimaliste se présente sous forme de bloc en béton qui joue avec les différents niveaux et volumes. Sur la façade, le verre se marie délicatement avec des éléments en bois, qui rompent l'horizontalité de la construction.

Deze eengezinswoning werd genomineerd voor de Mies van der Rohe Award 2005 voor Hedendaagse Architectuur van de Europese Unie. De minimalistische structuur wordt gepresenteerd als een blok beton dat speels met verdiepingen en ruimten omgaat. In de gevel wordt glas subtiel gecombineerd met houten elementen, die de horizontale richting van de constructie doorbreken.

Die Inneneinrichtung des Hauses entspricht der Außengestaltung: Auch in den Wohnräumen dominieren geometrische und minimalistische Elemente. Möbelstücke und dekorative Objekte setzen farbenfrohe Akzente.

The interior of the house corresponds with the exterior: geometric and minimalist elements are predominant in the spaces, where color is introduced in different pieces of furniture.

L'intérieur de la maison suit le même schéma que l'extérieur : les éléments géométriques et minimalistes dominent les espaces, où la couleur se limite à quelques éléments du mobilier.

Het interieur van het huis past bij de omgeving: geometrische, minimalistische elementen spelen de hoofdrol in de ruimten, waar kleur aanwezig is in verschillende meubelstukken.

Die Gestaltung dieses Hauses hatte zum Ziel, eine enge funktionale und räumliche Verbindung zwischen Innen- und Außenräumen zu schaffen. Das nur wenige Minuten vom Großstadttrubel entfernte, in ruhiger Meerlage erbaute Haus ist eine Oase der Entspannung mit einer Ausstattung, die nur einen minimalen Instandhaltungsaufwand erfordert.

The structure of this building was devised to create a close functional and spatial relationship between the interior and the exterior of the house, and some areas exist in both spaces. Built next to the sea, this house is a place in which to relax and escape the hectic activity taking place just a few meters away, and in which the need for maintenance has been minimized.

ISLAND HOUSE

Arkitektstudio Widjedal

Stockholm, Sweden

La structure de cette villa a été conçue pour créer une relation fonctionnelle et spatiale étroite entre l'intérieur et l'extérieur. C'est ainsi que certaines zones existent à la fois dedans et dehors. Face à la mer, cette maison est un lieu de détente pour échapper à la vie agitée qui se déroule à quelques mètres de là. Les besoins d'entretien ont été limités au maximum.

Het ontwerp van dit woonhuis had de bedoeling interieur en omgeving van dit huis functioneel en ruimtelijk nauw met elkaar te verbinden. Enkele zones bevinden zich zowel binnenshuis als buitenshuis. Het huis ligt aan zee en vraagt weinig onderhoud. Het is een plek om te ontspannen en te ontsnappen aan het drukke leven dat op zeer korte afstand plaatsvindt.

Eine breite Glasfassade verbindet den Wohn-/Essbereich mit dem Garten am Meer. Schlafzimmer, Bad und Sauna liegen auf der anderen Seite des Hauses mit einer von Felsen abgeschirmten Terrasse.

The transparent glass façade brings together the communal areas and the exterior, next to the sea. The private spaces are on the other side of the house, in front of which the rocks frame an isolated patio.

La façade vitrée transparente réunit les pièces communes avec l'extérieur, face à la mer. De l'autre côté, les pièces privées se trouvent face à des formations rocheuses qui encadrent un patio isolé.

De transparante gevel van glas verbindt de gemeenschappelijke ruimten met de omgeving buiten, direct aan zee. De privévertrekken kijken uit op rotsachtige formaties rond een soort binnenplaats.

Dieses Loft besticht vor allem durch die riesige Fensterfront des Wohn- und Essbereichs mit spektakulärem Blick auf den Mälarensee. Das Loft wurde größtenteils offen gestaltet; lediglich Schlafzimmer und Bad wurden zur Wahrung der Privatsphäre räumlich abgetrennt.

The most eye catching elements in this loft are the enormous windows which serve as the exterior walls for the living room and the dining room and afford spectacular views of Lake Mälaren. The loft, an elongated floor, has only a few divisions between the spaces and they are used simply to provide privacy in areas such as the bedroom or the bathroom.

MEDVIND LOFT

Medvind Arkitekter

Stockholm, Sweden

Les éléments qui ressortent le plus dans ce loft sont les baies vitrées, utilisées comme murs extérieurs du salon et de la salle à manger afin de pouvoir admirer la vue spectaculaire sur le lac de Mälaren. Le loft est un niveau allongé dont les rares séparations visent uniquement à protéger l'intimité d'espaces comme la chambre et la salle de bain.

De grote ramen vallen het meest op in deze loft. Ze dienen als buitenmuur van de woon- en eetkamer, waardoor er een schitterend uitzicht is op het Mälarenmeer. Deze langwerpige loft heeft maar weinig afscheidingen tussen de ruimten. Ze zijn alleen gebruikt voor de privacy in vertrekken als badkamer en slaapkamer.

Das Schlafzimmer wurde mit klar lackierten Holzpanelen verkleidet; im Bad wurde schwarz lackiertes Holz verwendet, passend zu den Boden- und Wannenkacheln.

Wood was used in the bedroom and the bathroom. In the former it has been varnished, maintaining the natural color, and in the latter it has been painted black to match the bath and floor tiles.

La chambre et la salle de bain sont en bois. Dans la chambre il a été simplement vernis, alors que dans la salle de bain il a été peint en noir, afin de l'assortir aux carreaux de la baignoire et au sol.

In de slaapkamer en badkamer is hout gebruikt. In de slaapkamer is het hout alleen gevernist, in de badkamer is het zwartgeverfd om bij de tegels van bad en vloer te passen.

Hier sollten auf dem Grundstück ein Gästehaus und ein Lagerhaus von gleicher Größe gebaut werden. Das Gästehaus besteht aus einem einzigen großen Raum. Ein Schrank dient als Trennwand zwischen Schlaf- und Wohnbereich. Die Küche wurde in den Wohnbereich integriert. An den Schlafbereich grenzt ein kleines Duschbad mit Toilette.

The task entrusted to the architect was to design a house for guests and another for storage, both with the same measurements, within the property. The guest house consists of one room, where a cupboard separates the communal area from the bedroom. There is also a little space for the toilet and the shower, and a third space for the kitchen.

SUMMERHOUSE GRUNSEN

Peter Hutlling/Meter Arkitektur

Göteborg, Sweden

L'architecte a reçu la commande d'une maison pour invités, et d'une autre pour entreposer des affaires, les deux de même taille et au sein de la propriété. La maison des invités se compose d'une chambre, où une armoire sépare la partie commune et le coucher. Il y a également un petit espace pour les toilettes et la douche et un troisième espace pour la cuisine.

De architect kreeg de opdracht in een bestaand woonhuis een gastenverblijf en een opslagplaats te ontwerpen, beide met dezelfde afmetingen. Het gastenverblijf bestaat overwegend uit één vertrek, waar een kast de gemeenschappelijke ruimte scheidt van de slaapkamer. Er is een kleine ruimte voor wc en douche, en een derde ruimte voor de keuken.

Der Innenraum sollte sich zur Natur hin öffnen lassen, ohne Aufgabe der Privatsphäre. Deshalb wurde eine breite Glasschiebetür mit zusätzlicher Holzlamellen-Schiebetür eingebaut.

One of the objectives was to open the interior space to the surroundings but without sacrificing privacy. To this end a sliding door was fitted, which allows the space to be opened as desired.

Un des objectifs était d'ouvrir l'espace intérieur vers l'extérieur, sans pour autant sacrifier d'intimité. Une porte coulissante a donc été installée afin d'ouvrir l'espace à la demande.

Een van de doelstellingen was de ruimte binnen te verbinden met de ruimte buiten, zonder afbreuk te doen aan de privacy. Daarom werd een schuifdeur aangebracht, die naar wens open en dicht kan.

Wie eine Festung ragt dieses Haus inmitten der märchenhaften Winterlandschaft empor. Das wohnliche Refugium wurde komplett aus Holz erbaut. Die Fassade erhielt einen roten Anstrich, um die Gleichförmigkeit der Landschaft mit farbenfrohen Akzenten zu beleben. Durch die breite Glasfront im Obergeschoss lässt sich ein herrlicher Panoramablick genießen.

Like something from a fairy tale, this house stands out in the middle of picturesque countryside in an unwelcoming climate. The house was built entirely of wood, creating a warm, pleasant refuge. It was painted red to make a colorful break in the uniformity of the surroundings. A horizontal window in the highest part of the building offers a magnificent panoramic view.

RED HOUSE

Jarmund/Vigsnæs AS Arkitekter

Oslo, Norway

Cette villa, en plein paysage pittoresque et climat peu hospitalier, semble sortie tout droit d'un conte de fées. La maison a été totalement construite en bois, ce qui crée un refuge agréable et chaleureux, puis peinte en rouge afin de rompre franchement avec la monotonie de l'environnement. En haut, une ouverture horizontale laisse voir une magnifique vue panoramique.

Dit opvallende huis in een schilderachtig landschap met een weinig vriendelijk klimaat lijkt zo uit een sprookje te komen. Het huis werd volledig van hout gebouwd, waarmee een warm, aangenaam toevluchtsoord werd gecreëerd. De rode kleur breekt uitbundig met de eentonige omgeving. Een open gedeelte biedt op de bovenverdieping een schitterend uitzicht.

Im Innenbereich harmonieren die weißen Wände mit den natürlichen Farben der Hölzer. Die Fenster fangen die Landschaft aus verschiedenen Blickwinkeln ein. Der Kamin sorgt für eine behagliche Atmosphäre.

Inside the white walls harmonize with the clear tones of the wood finishes. The windows and the beams on the ceiling frame the countryside from different perspectives.

À l'intérieur, le blanc des murs se marie avec le bois de couleur claire utilisé pour les finitions. Les poutres au plafond et les fenêtres encadrent le paysage en l'offrant depuis plusieurs perspectives.

Binnen harmoniëren de witte muren met de lichte kleuren van de afwerkingen. Vanuit verschillend perspectief omkaderen de plafondbalken en ramen het landschap.

Vor allem die Vorderansicht dieses Hauses präsentiert sich wie ein großer Guckkasten mit dreidimensionalen Trompe-l'œils. Der in zwei Ebenen aufgeteilte Block besticht durch die vielen ungewöhnlich positionierten Fenster und eine Dachterrasse. Der Innenbereich ist offen gestaltet; die verschiedenen Bereiche bilden visuelle Inseln.

This house gives the impression of being a thin wall drawn in space, particularly when viewed from the front. A slim, lightweight block with several openings to the outside through which the light comes in, divided into two levels with a terrace on the roof. The inside is a continuous space which means that the different areas run together and create visual short cuts.

VILLA K

Tham Videgård Hansson Arkitekter

Stockholm, Sweden

Comme s'il s'agissait d'un mur finement dessiné dans l'espace, cette maison doit être vue de l'angle frontal. C'est un bloc fin et léger avec plusieurs ouvertures à l'extérieur pour laisser entrer la lumière, sur deux niveaux et avec une terrasse sur le toit. L'intérieur est un volume continu et les espaces se superposent, ce qui produit des raccourcis visuels.

Vooral van voren gezien lijkt dit huis een ranke, in de lucht getekende muur: een slank, licht blok met verscheidene openingen voor lichtinval, verdeeld over twee verdiepingen, met op het dak een terras. Binnen is de ruimte doorlopend, waardoor de verschillende zones elkaar overlappen en er visuele overgangen gecreëerd worden.

Schwarz gebeizte Holzplatten bedecken die Fassade des Hauses. Im Innenbereich bilden die dunklen Möbel und das helle Eschenholz der Böden und Türen einen reizvollen Kontrast zum Weiß der Wände und Decken.

Several sheets of black stained plywood cover the façade of the house. Inside, the furniture and the ash wood details stand out against the predominant white of the plaster.

Plusieurs panneaux de bois contreplaqué teint en noir recouvrent la façade de la maison. À l'intérieur, les meubles et éléments en bois de frêne ressortent sur l'enduit blanc des murs.

De gevel van het huis is afgewerkt met platen zwartgeverfd, gelaagd hout. De essenhouten meubels en accessoires contrasteren met het overheersende wit van het interieur.

Dieses Haus harmoniert perfekt mit den anderen Gebäuden, die bereits zuvor auf diesem Berg erbaut wurden. Obwohl es größer und moderner ist, steht das Haus mit dem ursprünglichen Charakter des gesamten Ensembles im Einklang. Für den Bau wurde eine Kombination aus gebeiztem Kiefernholz und Glas verwendet.

This house was designed to fit in with the cabins already built on the mountain, standing side by side on the summit. Despite being larger and more modern than the others, the house integrated without altering the character of this historical setting. Stained pine was used in the construction, combined with a large amount of glass.

HAUGSAETRA

Skaara Arkitekter

Kvamsfjellet, Norway

La maison a été conçue afin de l'assortir avec les maisonnettes déjà construites l'une à côté de l'autre au sommet de la montagne. Bien que la maison soit plus moderne et plus grande que les autres, elle se fond dans l'ensemble sans trancher avec le caractère de ce lieu historique. Les matériaux employés dans sa construction sont le pin teinté et le verre.

Dit huis werd zo ontworpen dat het paste bij de bestaande, naast elkaar staande huisjes op de bergtop. Het woonhuis is moderner en groter dan de andere, maar tast desondanks het karakter van deze historische plek niet aan: het gaat er juist in op. Voor de constructie is geverfd grenen gebruikt, in combinatie met vooral glas.

Die große Glasfront, die vom Wohnbereich bis zum Essbereich verläuft, gibt einen herrlichen Blick auf die Landschaft frei und vermittelt im wahrsten Sinne des Wortes das Gefühl, mitten in der Natur zu leben.

The enormous window that runs the length of the cabin brings the landscape into the house, emphasizing the central idea of a viewing gallery looking out at the horizon and giving an additional value to all the rooms.

La baie vitrée tout autour de la maison permet de profiter de la vue depuis l'intérieur, ce qui accentue l'idée centrale de galerie face à l'horizon et donne un plus à toutes les pièces.

Door de grote ramen rondom wordt het uitzicht in het huis geïntegreerd. Dit benadrukt het principe van een galerij die uitziet op de horizon en alle vertrekken toegevoegde waarde verleent.

Das an einem Felshang erbaute Haus besteht aus zwei L-förmigen Etagen. In der oberen Etage befindet sich die Küche mit direktem Zugang zur Terrasse und herrlichem Blick auf die Fjordlandschaft. Großzügige Fensterfronten an allen Seiten integrieren die umliegende Natur in das Haus.

Located on a rocky slope, this project consists of two 'L' shaped floors. On the first there is a terrace, which affords a magnificent view of the fjords, and which can be accessed directly from the kitchen. There are huge windows all round the structure of the house, connecting it with outside.

VILLA FLINDT/ VRAALSEN

Jarmund/Vigsnæs AS Arkitekter

Nesodden, Norway

Située sur une pente rocheuse, cette villa est composée de deux étages en forme de L. Au premier étage, une terrasse à laquelle on peut accéder directement de la cuisine, permet d'admirer une vue imprenable sur les fjords. De grandes baies vitrées entourent la structure de la maison, en la fondant ainsi dans son environnement.

Dit bouwwerk is gelegen op een rotsachtige helling en bestaat uit twee L-vormige verdiepingen. Op de eerste verdieping bevindt zich een terras, dat een prachtig uitzicht biedt over de fjorden en dat rechtstreeks vanuit de keuken toegankelijk is. De grote ramen rondom verbinden het huis met de omgeving.

Um so wenig wie möglich in die Natur einzugreifen, wurde der Bau direkt auf den Felsen hochgezogen. Die neutrale Farbe der holzverkleideten Fassade und die großen Fenster harmonieren perfekt mit der Landschaft.

To minimize damage to the environment, the walls were built directly on the rocks. The neutral color of the wood which covers the exterior walls and the huge windows harmonize with the countryside.

Afin de limiter l'impact sur l'environnement, les murs ont été directement dressés sur les rochers. Les grandes baies vitrées et la couleur neutre du bois qui recouvre les murs extérieurs se fondent dans le paysage.

Om zo min mogelijk inbreuk op de omgeving te maken, werden de muren direct op de rotsen gebouwd. De neutrale houtkleur van de buitenmuren en de grote ramen harmoniëren met het landschap.

Die schlichte Gestaltung dieses Sommerhauses harmoniert perfekt mit der stillen, friedvollen Atmosphäre der südnorwegischen Landschaft. Bei diesem Projekt war es sehr wichtig, das Haus mit dem größtmöglichen Respekt für die Natur in die Umgebung zu integrieren, weshalb bei der Ausführung besonders umweltfreundliche Systeme eingesetzt wurden.

The simple structure of this summer house perfectly reflects the calm, peaceful atmosphere which reigns in this area of southern Norway. This house is an example of architecture integrated with the countryside with maximum respect for the environment, thanks to the sensitivity of the architect and the clients, and to the systems used throughout the execution of the project.

SUMMER HOUSE

Carl Vigo Hølmebakk

Risor, Norway

La structure simple de cette maison d'été reflète parfaitement l'atmosphère calme et pacifique de cette région du sud de la Norvège. Cette maison est un exemple d'architecture intégrée dans le paysage avec le plus grand respect de l'environnement, grâce à la sensibilité de l'architecte et du client, et aux systèmes utilisés pendant le processus.

De eenvoudige structuur van dit zomerhuis is een perfecte weerspiegeling van de vredige sfeer in dit deel van het zuiden van Noorwegen. De woning is een voorbeeld van in het landschap geïntegreerde architectuur. Dankzij de gebruikte systemen wordt de omgeving zoveel mogelijk gerespecteerd door architect en opdrachtgevers, die hier veel gevoel voor hebben.

Beim Bau des Hauses wurden verschiedene Hölzer verwendet: einheimische Kiefer, Fichte und Eiche, die eine schonende Behandlung gegen Alterung, Witterung und Feuchtigkeit erhielten.

Different woods were used in the construction of the house: indigenous pine, spruce and oak, all of which were treated to make them resistant to the passing of time, to damp and to cold.

Plusieurs types de bois ont été employés dans la construction de cette maison : pin local, sapin et chêne, tous traités afin d'augmenter leur résistance au temps, à l'humidité et au froid.

Bij de bouw van het huis werden diverse houtsoorten gebruikt: inheems grenen, sparren- en eikenhout. Alle houtsoorten werden bewerkt om ze duurzaam te beschermen tegen vocht en kou.

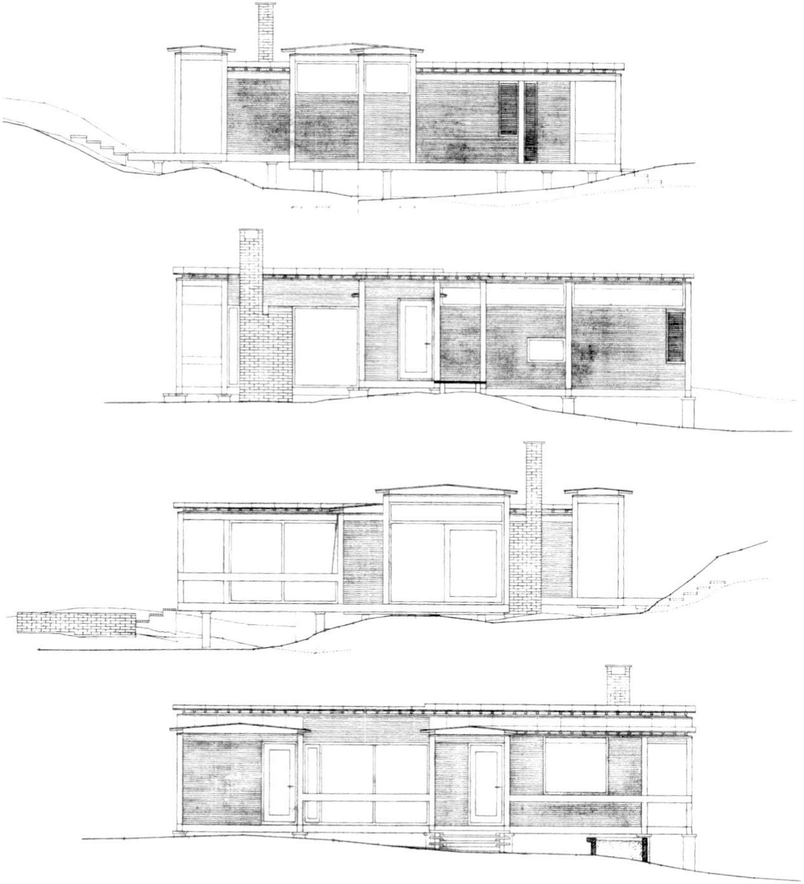

Elevations

Die Pfahlkonstruktion verdeutlicht, wie behutsam das Haus in die felsige Landschaft integriert wurde.

Elevations that show the subtlety with which the house was introduced into the rocky landscape.

Élévations qui montrent la façon subtile avec laquelle la maison a été introduite dans le paysage rocheux.

De verhogingen tonen hoe subtiel het huis is ingepast in de rotsachtige bodem.

Die Sommer in Finnland sind kurz, weshalb diese Jahreszeit gern für längere Ausflüge in die Natur genutzt wird. Dieser rechteckige, luftdicht verschließbare, transportable Wohnwürfel kann überall aufgestellt werden. Die raffinierte Konstruktion lässt sich auseinander schieben und als Miniunterkunft für zwei Personen nutzen.

Making the most of the short Finnish summers is a priority for those who escape from the city in order to get in touch with nature. The architects for this project developed a rectangular shaped transportable volume, closed and airtight like a box of matches, which, once it is opened, becomes a small home for two people.

SUMMER CONTAINER

Markku Hedman

Kangasala, Finland

Tirer parti au maximum du court été finlandais est la priorité de ceux qui s'échappent de la ville et recherchent le contact avec la nature. Les architectes de ce projet ont créé une structure rectangulaire transportable, fermée et hermétique comme une boîte d'allumettes, qui une fois ouverte, se transforme en une petite maison pour deux personnes.

Mensen die de stad ontvluchten om van de natuur te genieten, willen zoveel mogelijk van de korte Finse zomer profiteren. De architecten van deze constructie ontwierpen een vervoerbare ruimte met een rechthoekige vorm, die als een lucifersdoosje hermetisch kan worden afgesloten. Geopend is het een kleine tweepersoonswoning.

In der soliden Würfelkonstruktion aus Holz verbergen sich eine Kochnische, ein Tisch und ein Segment, das in einen Wohn- oder Schlafbereich verwandelt werden kann. Im Unterbau befindet sich ein Stauraum.

This solid cube of wood transforms into a small home made up of a kitchen, a table, and a section which can be converted into a bedroom or a living room, underneath which is a space for storage.

Ce solide cube en bois se transforme en une petite maison composée d'une cuisine, une table et un coin convertible en chambre ou salle de séjour, qui cache un espace de rangement.

Dit stevige houten blok kan veranderen in een kleine woning bestaande uit een keuken, een tafel en een ruimte waarvan een slaapkamer of woonkamer kan worden gemaakt. Daaronder is bergruimte.

Dieses ungewöhnliche Haus besticht durch seine pyramidale Bauweise. Eine Fensterdachkonstruktion, durch die das Licht in den Innenraum flutet, bildet die Zentralachse. Das Haus wurde auf einem unterirdischen Fundament errichtet. Die Pyramidalstruktur ist mit Panelen verkleidet, die die Sonnenenergie speichern.

The structure of this unusual house is based on a skylight in the form of a pyramid which acts like a central axis, conducting light into the interior space of the building. The house was constructed on a subterranean base, and has a flat roof. The pyramid structure is finished off with panels that capture the heat of the sun.

HEAVEN HOUSE

Flemming Skude

Lolland, Denmark

La structure de cette maison singulière se base sur une claire-voie en forme de pyramide qui agit comme axe central et conduit la lumière à l'intérieur. La maison a été construite sur un fondement souterrain, et dispose d'un toit plat qui se transforme en allié de la faune locale. La structure pyramidale est couverte de plaques qui accumulent la chaleur du soleil.

De constructie van dit bijzondere huis is gebaseerd op een daklicht in de vorm van een piramide die de centrale as vormt en het licht naar binnen leidt. De woning is op een ondergronds grondvlak gebouwd en heeft een plat dak. De piramidestructuur is afgewerkt met platen die zonne-energie vasthouden.

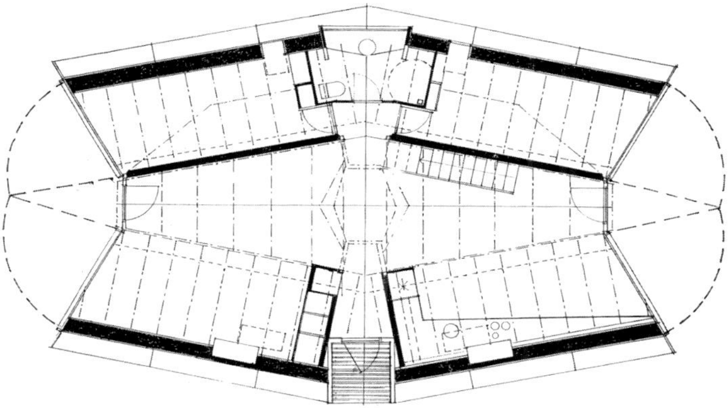

Floor plan

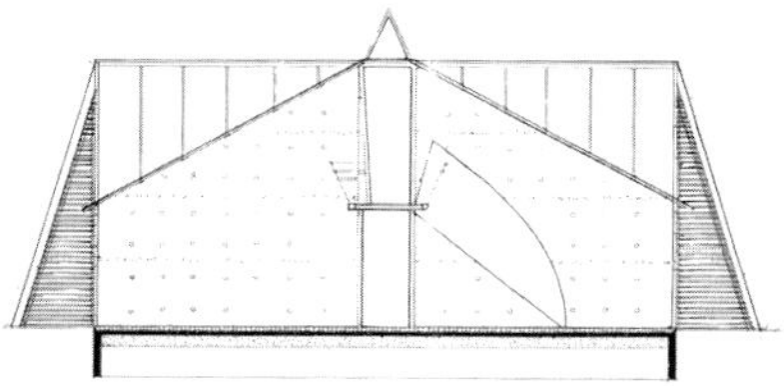

Section

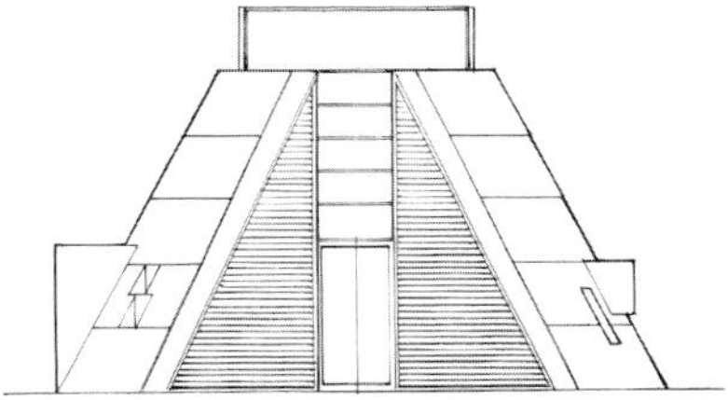

Eastern elevation

)er Haupteingang wurde mit einer Glasstruktur ıklusive Belüftungsfunktion ausgestattet. Die on Licht und Farben erfüllten Innenräume ermitteln eine entspannte Atmosphäre.

The main entrance is designed with a glass structure to provide adequate ventilation for the house. Inside the rooms are filled with light and color, creating a relaxing atmosphere.

'entrée principale est faite d'une structure en erre afin de donner l'aération nécessaire à la naison. À l'intérieur, les pièces sont inondées de ımière et de couleur, ce qui donne une mbiance détendue.

De hoofdingang heeft een glasstructuur om het huis adequaat te kunnen ventileren. Binnen zijn de kamers vol licht en kleur, waardoor een ontspannen sfeer ontstaat.

Dieses auf felsigem Terrain errichtete Haus überrascht durch seine zickzackartige Struktur, die mehrere windgeschützte Terrassenbereiche ermöglichte. Das Gebäude besteht aus drei miteinander verbundenen Bereichen. Im hinteren Bereich befinden sich einige kleine Zimmer, während der restliche Wohnraum offen gestaltet wurde mit Blick auf die malerische Bucht.

This house is located between two rocky mountains and its zigzag structure offers several outside areas which are protected from the strong winds. Organized in a construction of three connected areas, the small rooms are at the back while the rest stand out on an open platform over the natural environment surrounding the house.

ARCHIPIELAGO HOUSE

Tham & Videgård Hansson Arkitekter

Stockholm, Sweden

Cette maison se trouve entre deux montagnes rocheuses, et sa structure en forme de zigzag permet que plusieurs zones extérieures soient protégées des vents. Elle est organisée en trois zones qui communiquent entre elles. Les petites chambres se trouvent à l'arrière alors que le reste ressemble à une plate-forme ouverte sur la nature qui l'entoure.

Dit huis ligt tussen twee rotsachtige bergen. Dankzij de zigzagstructuur is een aantal buitenruimten beschut tegen de harde wind. Het huis is ingedeeld in drie met elkaar verbonden sferen. De kleine slaapkamers bevinden zich in het achterste gedeelte; vanbuiten ziet de overige ruimte eruit als een open, op de omringende natuur gericht platform.

Die horizontalen Linien des Hauses kontrastieren mit den hochgewachsenen Kiefern der umgebenden Landschaft. Durch die großen Fensterfronten lässt sich die Natur aus verschiedenen Blickwinkeln bewundern.

Like a slash across the countryside, the horizontal lines of this house contrast with the high pines and interact with the archipelago, offering different views of the surrounding natural environment from inside.

Comme une ligne qui traverse le paysage, l'horizontalité de cette maison contraste avec la hauteur des pins. Il existe une interaction avec l'archipel : l'intérieur offre plusieurs lectures de la nature.

Deze woning contrasteert als een horizontale streep in het landschap met de hoge naaldbomen en staat door het uitzicht vanuit haar interieur in verbinding met de eilandengroep.

Diese vier Häuser befinden sich in einer Bergregion am Rande eines Waldes, wo Stadt und Natur aufeinandertreffen. Die verschiedenen Einheiten verteilen sich auf drei Etagen mit Blick auf die Fjordlandschaft. Das moderne Design zollt der traditionellen Architektur durch den Einsatz von Holz und die Auswahl der Farben Tribut.

These four houses are located in a mountainous area at the edge of a forest, where the city meets nature. The different units are divided into three floors and look out on views of the fjords. Despite the contemporary character of the design, the use of wood and the choice of colors make a clear reference to the architecture of the country.

4 SINGLE HOUSES IN PLANETVEIEN

Christopher Adams and Henriette Salvesen/ Div.A Arkitekter

Oslo, Norway

Ces quatre maisons se trouvent dans une zone de montagne à l'orée de la forêt, où la ville et la nature se rencontrent. Chaque bloc est divisé en trois étages et jouit de vues sur les fjords. Malgré le caractère contemporain du design, l'emploi du bois et le choix des couleurs sont un clin d'œil à l'architecture locale.

Deze vier woningen staan in een bergachtig gebied dat wordt begrensd door een bos. Hier ontmoeten stad en natuur elkaar. De huizen bezitten allemaal drie verdiepingen en hebben uitzicht over de fjorden. Ondanks het hedendaagse ontwerp verwijzen het gebruik van hout en de kleurkeuze duidelijk naar de traditionale Noorse architectuur.

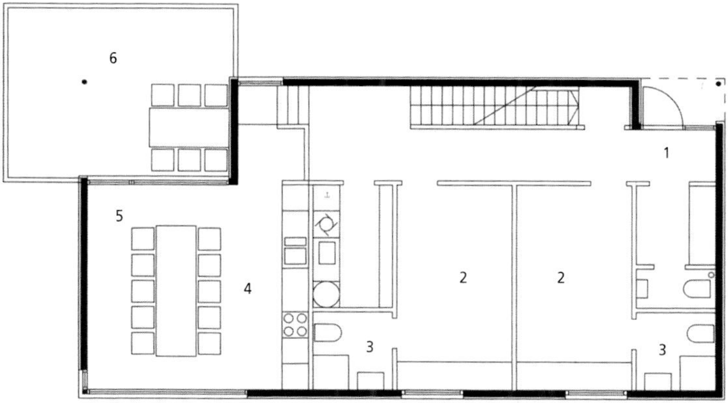

Ground floor type plan

1. Entrance
2. Bedroom
3. Bathroom
4. Kitchen
5. Dining room
6. Terrace

Nordische Architektur baut auf der Vorliebe für Schlichtheit und klare Linien, der Beziehung zwischen Ästhetik und Funktionalität und der Inspiration durch die Natur.

Nordic architecture is characterized by a marked taste for simplicity and clean lines, the relationship between aesthetics and being functional, and the inspiration of nature.

L'architecture nordique se caractérise par un goût marqué pour la simplicité et la clarté des lignes, le compromis entre esthétique et fonctionnalité et l'inspiration tirée de la nature.

De noordse architectuur wordt gekenmerkt door een voorkeur voor eenvoud en heldere lijnen, een compromis tussen esthetiek en functionaliteit, en heeft de natuur als inspiratiebron.

Dieses Haus wurde bewusst ganz anders als die benachbarten Häuser gestaltet. Die Herausforderung bestand darin, mit dem in diesem Küstenvorort üblichen Bauschema zu brechen und stattdessen ein einzigartiges Haus zu konzipieren, das zugleich dem rauen Klima standhält. Der auf Betonpflaster errichtete, von einem Rasen umgebene Bau wirkt von außen wie eine moderne Scheune.

In an urban area near the coast, the architect designed a residence which is completely different from the adjacent houses. The challenge was to escape from the monothematic scheme of the suburbs and create a singular house which could also adapt to the changes of the season. Built on concrete paving, the house is like a box surrounded by lawn.

SUMMER HOUSE IN DYNGBY

Claus Hermansen

Jylland, Denmark

L'architecte a conçu une villa complètement différente des maisons avoisinantes de cette municipalité proche de la côte, le défi étant de sortir du schéma monothématique des banlieues et de créer une maison originale qui s'adapte aux changements de saisons. La maison, construite sur une dalle en béton, se transforme en une boîte entourée de gazon.

In een stedelijk gebied vlak bij de kust ontwierp deze architect een woonhuis dat totaal anders is dan de naastgelegen huizen. De uitdaging bestond erin te breken met het uniforme aanzicht van de buitenwijken en een bijzonder huis te ontwerpen dat zich aanpaste aan de seizoenswisselingen. Het huis is gebouwd op een betonnen ondergrond en omringd door gazons.

Die Innenaufteilung basiert auf drei Zonen, die miteinander verbunden sind: Die erste umfasst Wohn- und Küchenbereich, die zweite Bad und Schlafräume, die dritte den Eingangsbereich.

The interior distribution is in three parts: the main area is in the first block, the bathroom and the bedrooms in the second and the entrance in the third. All of them are connected.

L'intérieur se divise en trois : la pièce principale se trouve dans le premier bloc, la salle de bain et les chambres dans le deuxième, et l'entrée dans le troisième. Tous les blocs communiquent.

Het huis is binnen in drieën gedeeld: de hoofdruimte ligt in het eerste blok, badkamer en slaapkamers in een tweede, en de ingang in een derde blok. Alle blokken zijn met elkaar verbonden.

Bei diesem Bau handelt es sich um den Prototyp eines Hauses, das von der kommunalen Energieversorgung unabhängig ist. Im Zentrum liegt ein kreisförmiger Dom mit einer Glasdach-pyramide. Um den Dom herum sind die Wohnräume angeordnet. Die kreisförmige Fassade besteht aus einer Wärme speichernden Backsteinverkleidung.

This project was carried out as a prototype for a house that exists independently from the communal energy systems. The rooms are located around a shaft of light on a circular floor. This space is covered by a pyramid shaped cover, which is enclosed in a circular brick structure that keeps in the heat.

VILLA VISION

Flemming Skude & Ivar Moltke

Taastrup, Denmark

Ce projet a été réalisé comme un prototype de villa qui fonctionne indépendamment des systèmes d'énergie collectifs. Sur un plan en forme de cercle, les chambres sont placées autour d'un puits de lumière. Cet espace, recouvert d'une coupole pyramidale, est refermé par une structure ronde en briques qui conserve la chaleur.

Dit project beoogde een prototype te maken van een woning die niet afhankelijk was van de gemeenschappelijke energievoorzieningen. Op een cirkelvormig oppervlak liggen rond een lichtstrook de kamers. Deze ruimte wordt overdekt door een koepel, die omsloten is door een stenen, cirkelvormige constructie die de warmte vasthoudt.

Um den Lichteinfall zu regulieren, wurde die Glaskuppel mit verstellbaren Abdeckungen versehen. Das mit Zink verkleidete Dach mit Wärmedämmfunktion wurde auf einer Holzstruktur errichtet.

Several sheets of material cover the glass dome to control the light coming in. The zinc covered roof is placed on a wooden structure and has insulating properties.

Plusieurs voiles en tissu recouvrent la coupole en verre ce qui permet de moduler l'entrée de lumière. Le toit recouvert de zinc est posé sur une structure en bois et a des propriétés isolantes.

De glazen koepel is bedekt met diverse doeken waarmee de lichtinval kan worden gereguleerd. Het met zink beklede dak rust op een houten constructie en heeft isolerende eigenschappen.

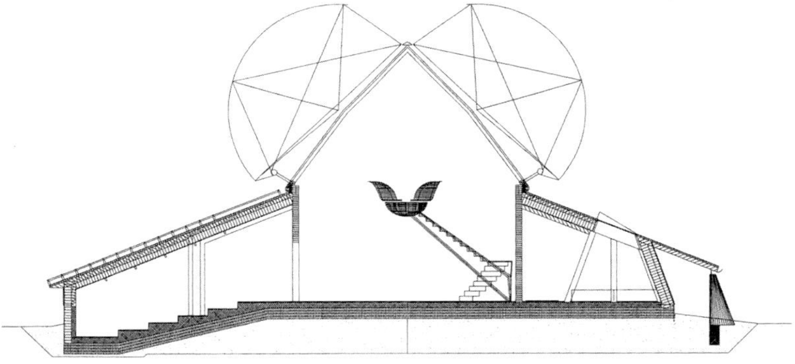

Section

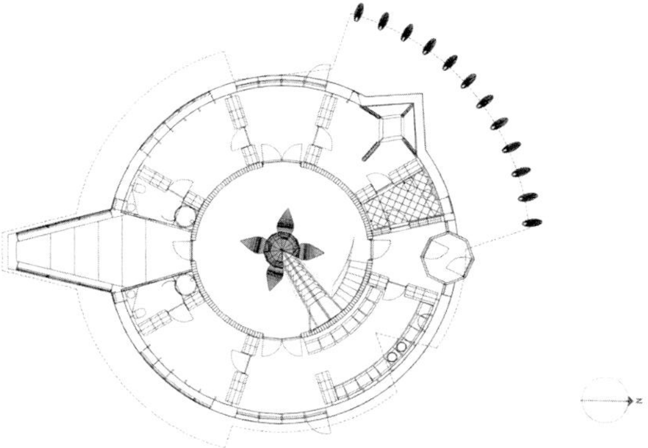

Floor plan

Das auf einer Anhöhe stehende Haus wurde mit isolierenden Materialien erbaut. Ein System von Solarpanelen, das mit einer Wärmesteuerungspumpe verbunden ist, ermöglicht die Warmwasserzufuhr.

Located on a hill, the structure of this house is built with insulating materials. A system of solar panels, connected to a pump which controls the heat, provide hot water.

Située sur une colline, cette maison a été construite en matériaux isolants. Un système de plaques solaires relié à une pompe qui contrôle la chaleur approvisionne en eau chaude.

Het huis staat op een heuvel en is opgetrokken van isolerende materialen. Een systeem van zonnepanelen, dat in verbinding staat met een warmteregulerende pomp, levert warm water.

Dieses Haus ist ein markantes Beispiel für die Weiterentwicklung des skandinavischen Stils durch die Einführung neuer Elemente und Materialien. Die von Licht durchfluteten Innenräume wirken modern und abstrakt. Die Fenster präsentieren sich als riesige Bilderrahmen, die die herrliche Landschaft aus verschiedenen Blickwinkeln einfassen.

The design of this house is a significant example of the evolution of indigenous style thanks to the introduction of new elements and materials. The areas created in the interior spaces of this house have a contemporary and abstract character, and are filled with light. The views are framed by different windows, creating magnificer pictorial images.

BARON HOUSE

John Pawson

Sweden

L'architecture de cette maison est un exemple flagrant de l'évolution du style local à travers l'introduction d'éléments et de matériaux nouveaux. Les volumes créés dans les espaces intérieurs de la maison sont de style contemporain et abstrait. Ils sont baignés de lumière et les vues disponibles depuis les diverses fenêtres donnent des clichés splendides et colorés.

Het ontwerp van dit huis is dankzij de invoering van nieuwe elementen en materialen een treffend voorbeeld van de ontwikkeling van de Zweedse stijl. De ruimten in dit huis hebben een hedendaags, abstract karakter en zijn doortrokken van licht en van uitzicht dat omkaderd wordt door diverse ramen. Zo ontstaan prachtige, schilderachtige beelden.

Ein offen gestalteter Raum beherbergt Küche, Wohn- und Essbereich. Die Fensterfassade verbindet diesen Bereich mit der zur Landschaft hin offenen Terrasse, so dass die Natur zu einem Teil des Wohnraums wird.

A communal space houses the kitchen, the livin room and the dining room. The transparent façade joins this area to the terrace which opens onto the surrounding countryside, transforming the inside into an extension of outside.

Un espace commun regroupe la cuisine, le salon et la salle à manger. La façade transparente fait communiquer cet espace et la terrasse et l'ouvre à l'extérieur, comme un prolongement du dehors.

Keuken, woon- en eetkamer bevinden zich in één ruimte. De transparante gevel verbindt deze ruimte met het terras en de omgeving, waardoo ze een uitbreiding van de buitenwereld wordt.

Dieses Sommerhaus gehört zu einer Reihe von drei Häusern, die auf einer Inselgruppe in der Ostsee erbaut wurden. Der Auftraggeber wünschte sich einen kleinen, kompakten Wohnraum. Standort und Budget bestimmten die Dimensionen dieses Projektes, bei dem der verfügbare Raum durch Einrichtung von Mehrzweckzonen optimal genutzt wurde.

This summer house forms part of a series of three homes built on a group of islands in the Baltic Sea. The main wish of the client was to live in a small, compact space. The characteristics of the location and the budget determined the dimensions of the project. The architects made use of every last space, turning them into multipurpose areas.

SUMMER HOUSE ÅLAND

Todd Saunders & Tommie Wilhelmsen

Åland, Finland

Cette maison d'été fait partie d'un ensemble de trois maisons situées sur un groupe d'îles de la mer baltique. La priorité du client était de vivre dans un espace de petite taille et compact. Les caractéristiques du lieu et le budget ont défini les dimensions du projet. Les architectes ont utilisé tous les espaces en les transformant en zones à fonctions multiples.

Dit zomerhuis is een van drie woningen die op een eilandengroep in de Baltische Zee staan. De belangrijkste wens van de opdrachtgever was dat hij moest kunnen wonen in een kleine, compacte ruimte. De kenmerken van de omgeving en het budget bepaalden de afmetingen van dit project. De architecten maakten alle ruimten multifunctioneel.

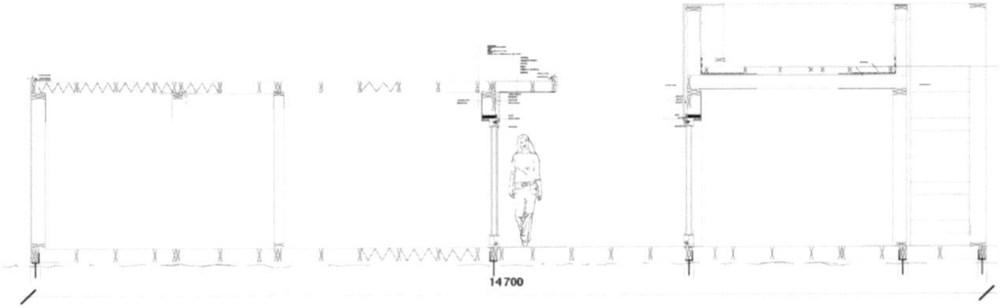

Longitudinal section

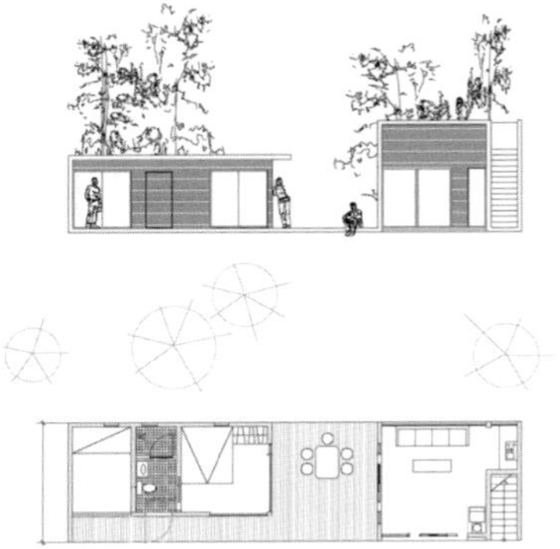

Ground floor

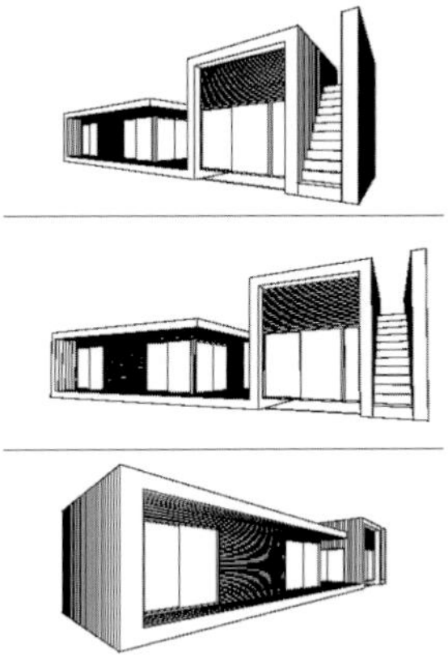

Perspectives

Einer der wichtigsten Aspekte bestand darin, die Umwelt zu respektieren. Das Haus wurde auf Pfeilern erbaut, um die Wurzeln der Bäume zu schützen.

One of the most important aspects for the architects was that the project respected the environment. The house was built on pillars which meant that the roots of the trees were preserved.

Pour les architectes une des choses les plus importantes de ce projet était le respect de l'environnement. La maison a été construite sur des colonnes ce qui a permis de conserver les racines des arbres.

Een belangrijk uitgangspunt van de architecten was dat het ontwerp rekening hield met het milieu. Het huis werd op pilaren gebouwd, zodat boomwortels gespaard bleven.

Dieses Haus befindet sich in einem Fjord auf einer kleinen Insel bei Oslo. Trotz der Nähe zur Hauptstadt scheint die Natur hier noch intakt zu sein. Der Bau wurde als versetzte Struktur mit zwei ineinander verschachtelten Ebenen konzipiert und harmoniert perfekt mit seiner Umgebung.

This house is located in the centre of a fjord on a small island near Oslo. Despite its proximity to the capital, with respect to contamination, the environment appears to be intact. The complex was designed as a staggered structure with rectangular and elongated floors on two levels, integrating harmoniously with its location.

SUND BJØRNSEN VILLA

armund/Vigsnæs AS Arkitekter

Jesøya, Norway

ette villa se trouve en plein centre d'un ord, sur une petite île à côté d'Oslo. Malgré la proximité de la pollution de la apitale, l'environnement paraît intact. ensemble a été conçu en suivant une ructure échelonnée de deux étages ectangulaires et allongés, qui harmonisent parfaitement dans le aysage.

Deze woning staat midden in een fjord van een klein eiland vlak bij Oslo. Hoewel de vervuilde hoofdstad dichtbij is, lijkt de omgeving onaangetast. Bij het ontwerp van het complex werd uitgegaan van een trappenstructuur over twee verdiepingen, gebouwd op een lang, rechthoekig vloeroppervlak. De woning moest harmonieus opgaan in de omgeving.

ie Holzfassade des Hauses wurde mit Kupfer erkleidet, wodurch das Sonnenlicht auf pektakuläre Weise reflektiert wird. Auch das ad wurde mit diesem Material verkleidet.

The exterior structure of the house is built from wood covered in copper which reflects the sunlight in a spectacular way. The private rooms are also covered with this material.

a structure extérieure de la maison est en bois, vec un revêtement en cuivre qui reflète la mière du soleil de façon spectaculaire. Les ièces privées ont aussi été recouvertes de ce atériau.

De buitenstructuur van het huis is van met koper bekleed hout dat op spectaculaire wijze het zonlicht weerkaatst. De slaapkamers werden ook met dit materiaal bekleed.

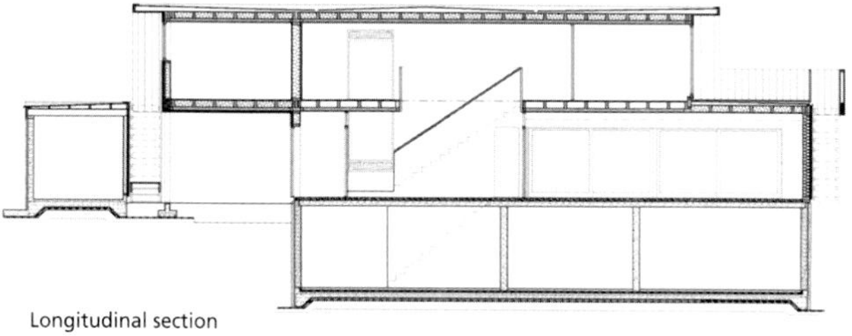

Longitudinal section

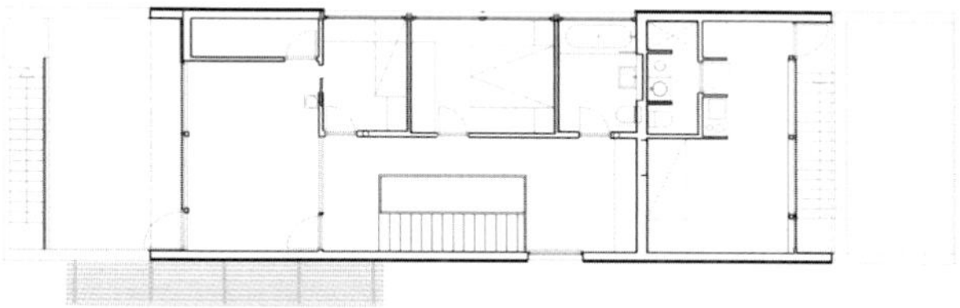

First floor

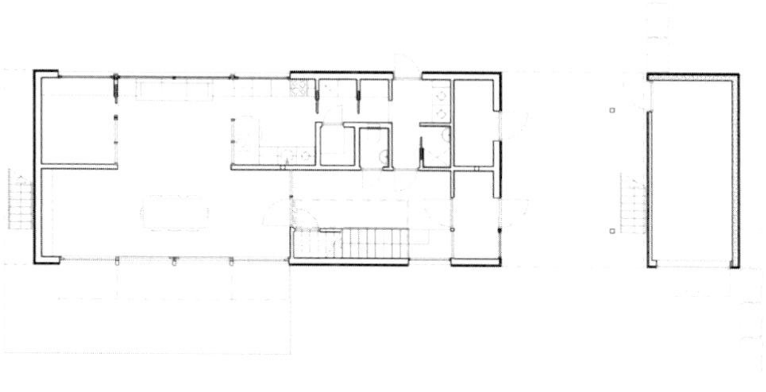

Ground floor

ırch die Fenster dringt viel Licht in die Räume. hlafzimmer und Bad befinden sich im ɔergeschoss, das von innen und außen über ɛppen zugänglich ist.

The façade includes windows which allow in natural light. The private rooms are on the second floor, which is accessible by interior and exterior staircases.

s baies vitrées de la façade laissent entrer la mière du jour. Au deuxième étage se trouvent ; pièces privées, auxquelles on peut accéder par ; escaliers intérieur et extérieur.

De gevel heeft ramen die het daglicht doorlaten. Op de tweede verdieping bevinden zich de privévertrekken, die zowel via binnen- als buitentrappen bereikbaar zijn.

Ein junges kanadisch-norwegisches Architektenteam, das sich auf innovatives und zugleich nachhaltiges Design spezialisiert hat, erbaute diese moderne Variante einer Holzhütte in einer der schönsten Fjordregionen Norwegens. Ziel war, einen Raum der Stille zu schaffen, der sich perfekt in die Natur einfügt und zugleich mit der spektakulären, mythenreichen Landschaft kontrastiert.

A young Canadian-Norwegian company specializing in experimental, sustainable and innovative design created this cabin in one of the most beautiful fjords in Norway. The objective was to design a contemplative space, integrated with its surroundings but contrasting with the spectacular countryside that, according to the architects, brings a mystical spirit to the project.

;UMMER HOUSE

'odd Saunders & Tommie Wilhelmsen

ıardanger Fjord, Norway

ıne jeune société canado-norvégienne ɔécialisée dans le design expérimental, ɹrable et novateur, a créé cette cabane ans un des plus beaux fjords de Norvège. objectif de ce projet était de concevoir un ;pace de contemplation, intégré dans ɜnvironnement, mais en contraste avec le aysage spectaculaire, qui donne, selon les 'chitectes, un esprit mystique au projet.

Een jong Canadees-Noors bedrijf dat experimentele, duurzame en vernieuwende ontwerpen maakt, ontwierp dit zomerhuisje in een van de mooiste fjorden van Noorwegen. Doel was een ruimte met uitzicht te ontwerpen die in de omgeving opging, maar tevens contrasteerde met het spectaculaire landschap. Volgens de architecten zorgt dit voor een mystieke sfeer.

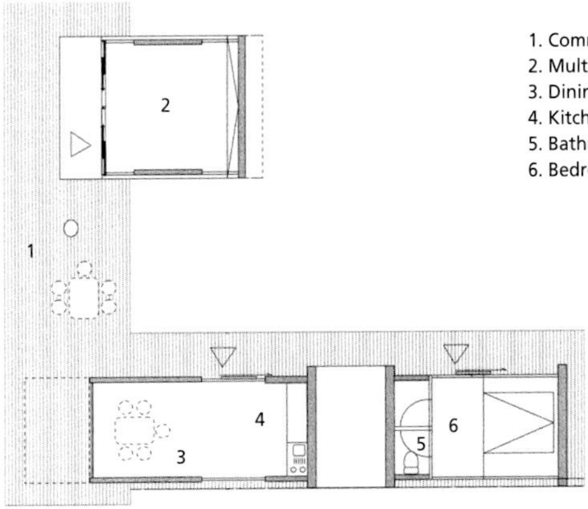

1. Communicating terrace
2. Multi-purpose space
3. Dining room
4. Kitchen
5. Bathroom
6. Bedroom

Floor plan

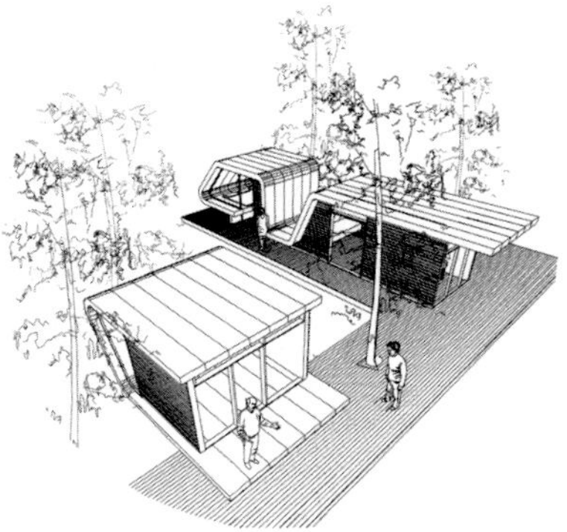

3D Diagram

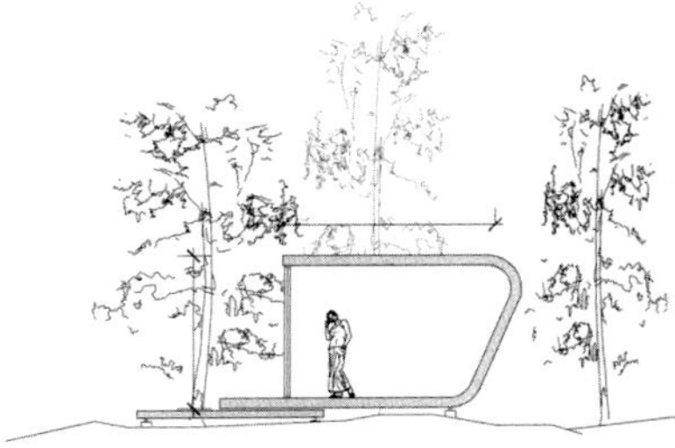

Cross section

Die Holzhütte zeichnet sich durch minimalistisches Design aus: Die Inneneinrichtung beschränkt sich auf den Grundkomfort wie Bett und Kochgelegenheit. Als Energiequelle dient Erdgas.

This house is characterized by being minimalist in several aspects. Only the essential comforts are to be found here, such as the bed and the kitchen, and the only presence of technology is the natural gas.

Cette maison se caractérise par ses divers éléments minimalistes : on y trouve seulement le confort indispensable, comme un lit ou une cuisine, et la seule technologie employée est le gaz naturel.

Deze woning is in een aantal opzichten minimalistisch. Binnen zijn alleen basisvoorzieningen zoals een bed en een keuken. Als energiebron dient aardgas.

Dieses Haus, das auf dem Wasser zu schwimmen scheint, liegt an der Ostsee in einer der ältesten Städte Schwedens. Durch ein viereckiges Fundament, auf dem eine verstärkte Betonstruktur errichtet wurde, ist das Haus nicht nur extrem stabil. Es besticht auch durch seine großzügige und moderne Gestaltung und einen herrlichen Ausblick.

This floating house is located in the medieval city of Kalmar on the east coast of Sweden. The architects' objective was t make a building which was extremely stable and this was done by designing a square base on which a reinforced concrete structure could be built. The result is a spacious, contemporary buildin which, because of its location, has some magnificent views.

VILLA NÄCKROS

Staffan Strindberg/Strindberg Arkitekter

Kalmar, Sweden

ette maison flottante se trouve dans la lle médiévale de Kalmar, sur la côte est e la Suède. L'objectif des architectes était 'obtenir un bâtiment parfaitement stable. our ce faire une base carrée a été onstruite, sur laquelle la structure en éton armé a été édifiée. Le résultat est un âtiment spacieux et contemporain qui uit de magnifiques vues.

Dit drijvende huis ligt in de middeleeuwse stad Kalmar aan de oostkust van Zweden. Doel van de architecten was een zeer stabiel bouwwerk te ontwerpen. Hiervoor werd een vierkant grondvlak ontworpen waarop de constructie van gewapend beton werd gebouwd. Het resultaat is een ruim, modern huis dat dankzij zijn ligging een schitterend uitzicht heeft.

Jm den Innenraum optimal zu nutzen, wurde er
uf drei Ebenen mit mehreren kleinen,
omfortabel ausgestatteten Bereichen aufgeteilt.
ie riesigen Fenster lassen viel Licht hinein.

To make the most of the interior space and equip it comfortably, small sections were created on three different levels. Natural light filters into the house through the enormous windows.

our tirer le meilleur parti de l'espace intérieur et
ii donner du confort, des petites divisions ont
té créées sur trois niveaux. La lumière du jour
énètre dans la maison à travers les grandes
aies vitrées.

Om de ruimte binnen optimaal te benutten en voor comfort te zorgen, werden compartimenten gemaakt met elk drie niveaus. Daglicht komt het huis binnen via de grote ramen.

Dieses Haus, in dem ein Grafikdesigner mit seiner Familie lebt, wurde als geometrischer Raum konzipiert, dessen Außenstruktur genauso wichtig wie die Innenstruktur ist. Grundidee war eine große, innen verschachtelte Box mit Öffnungen nach außen. Der perfekt in die Umgebung integrierte Bau wurde auf einem Betonfundament errichtet und besteht aus einem einzigen Geschoss.

This house, which is the home of a graphi designer and his family, was conceived as geometric space, the external structure of which was as important as the interior. This project can be understood as a box with openings or as a room with limits. Integrated with its surroundings, it sits on a concrete base and consists of just one floor.

HOUSE Nº 5

laesson Koivisto Rune Arkitektkontor

acka, Sweden

ette maison, résidence principale d'un
signer et de sa famille, a été conçue
mme un volume géométrique, dont la
ucture externe est tout aussi importante
e l'intérieur. Ce projet peut être vu
mme une boîte avec des ouvertures ou
mme une chambre avec des limites.
égrée dans le paysage, elle repose sur
e base en béton et n'a qu'un étage.

Bij het ontwerp van dit huis voor een grafisch ontwerper en zijn gezin werd uitgegaan van een geometrische ruimte. De buitenstructuur was even belangrijk als de structuur binnen. Het ontwerp kan worden gezien als een doos met openingen, of als een kamer met afgrenzingen. Het huis gaat op in zijn omgeving en rust op een betonnen basement. Er is alleen een begane grond.

s großzügige Wohnzimmer mit Essbereich ut auf farblichen Gegensätzen: Weiße Wände ntrastieren mit roten und schwarzen Möbeln d dem außergewöhnlich geformten schwarzen min.

The dining room and the living room are the areas of the house which display the most attractive range of colors: the white walls contrast with the red chairs and the black fireplace, creating a picturesque atmosphere.

salle à manger et le salon sont les espaces où couleurs sont les plus frappantes : les murs ncs font contraste avec les fauteuils rouges et noir de la cheminée, ce qui crée une ambiance aphique.

De eetkamer en woonkamer hebben het aantrekkelijkste kleurenpalet van het hele huis: de witte muren contrasteren schilderachtig met de rode stoelen en de zwarte haard.

ıakelloses Weiß dominiert; dennoch schafft
ʋarmes Material wie Holz eine wohnliche
.tmosphäre.

Although the interior decoration has an immaculate finish, the use of warm materials such as wood creates a cozy atmosphere.

ıalgré les finitions très soignées de la décoration
ıtérieure, les matériaux chauds qui ont été
ımployés donnent une ambiance accueillante.

Hoewel de afwerking van het interieur onberispelijk is, zorgen warme materialen als hout voor een knusse sfeer.

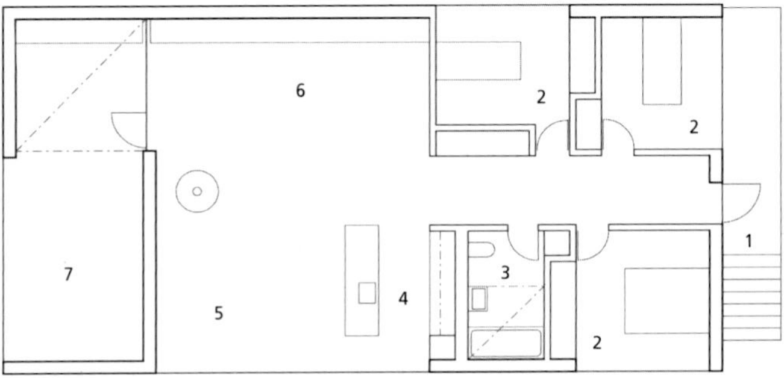

Floor plan

1. Entance
2. Bedroom
3. Bathroom
4. Kitchen
5. Dining room
6. Living room
7. Terrace

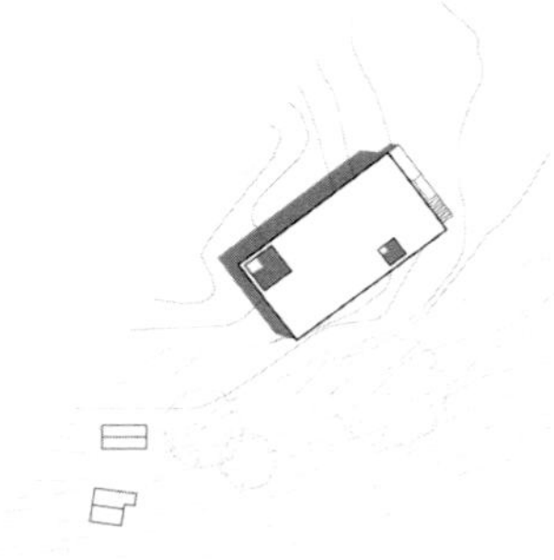

Site plan

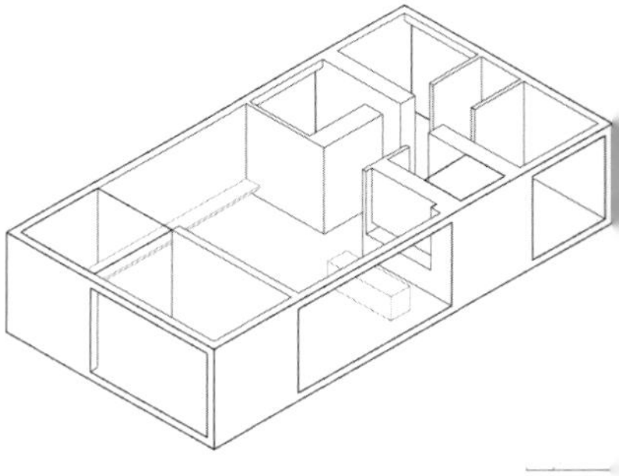

Axonometric view

Auf allen Seiten des Hauses befinden sich große Fensterfronten, so dass jeder Wohnbereich einen herrlichen Ausblick bietet. Das Badezimmer ist der einzige Raum, der nicht nach außen hin geöffnet ist.

On each side of the house there is a large window, each affording views from the different sections of the building. The bathroom is the only space in the house which does not open to outside.

Une baie vitrée a été construite de chaque côté afin de profiter de la vue depuis tous les points de la maison. La salle de bain est le seul espace de la villa qui n'a pas d'ouverture à l'extérieur.

Beide zijwanden hebben een groot raam, waardoor vanuit elk punt van het huis van het uitzicht kan worden genoten. De badkamer is de enige raamloze ruimte van het huis.

Dieses Haus ist ein faszinierendes Beispiel für ein poetisches Konzept, das rational und funktional umgesetzt wurde. Mithilfe neuester Technik wurde eine moderne und zugleich fantasievolle Struktur erschaffen. Das auf einem Berg errichtete Haus umfasst drei Ebenen, doch trotz dieser methodischen Aufteilung wirkt seine Struktur nicht streng.

This project is a marvelous example of poetic exercise and rational, functional execution. The most advanced techniques were employed to create a contemporary, imaginative structure. Located high on a hill, the house is arranged in two sections and, despite the methodical distribution, does not have a rigid construction.

INTO HOUSE

yrki Tasa

Espoo, Finland

:e projet est un bon exemple d'exercice
oétique et d'exécution rationnelle et
onctionnelle. Les techniques les plus
nodernes ont été employées pour créer
ne structure contemporaine et originale.
a maison, tout en haut d'une colline, est
livisée en deux parties, et malgré la
istribution méthodique de l'espace, l'effet
'ensemble n'est pas rigide.

Dit ontwerp is een goed voorbeeld van een poëtische oefening die doordacht en functioneel is uitgevoerd. De meest geavanceerde technieken werden gebruikt om een moderne, tot de verbeelding sprekende constructie te maken. Het huis ligt op een heuvel en is verdeeld in twee compartimenten. Ondanks de systematische ruimte-indeling is het geen starre structuur geworden.

Das Haus lässt sich am besten vom Foyer aus begreifen, das als Verbindungspunkt zwischen den Gemeinschafts- und Privaträumen funktionale und visuelle Aspekte aufweist.

The vestibule has functional and visual aspects a the connection point between the different areas. This area links the communal spaces with the private spaces.

L'entrée agit comme point de rassemblement fonctionnel et visuel entre les différents espaces. La maison peut se comprendre depuis cet endroit, qui fait communiquer les espaces communs et privés.

Functioneel en visueel dient de hal als een verbindingspunt tussen de vertrekken. Vanuit de hal is het huis goed te overzien en hij verbindt d gemeenschappelijke ruimten met de privéruimten.

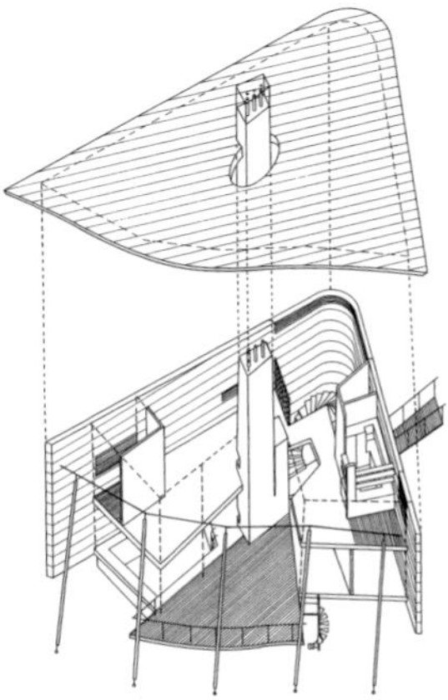

Axonometric perspective

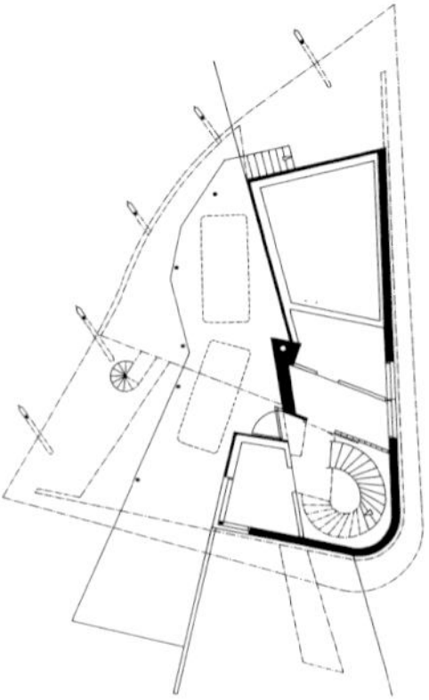

Ground floor

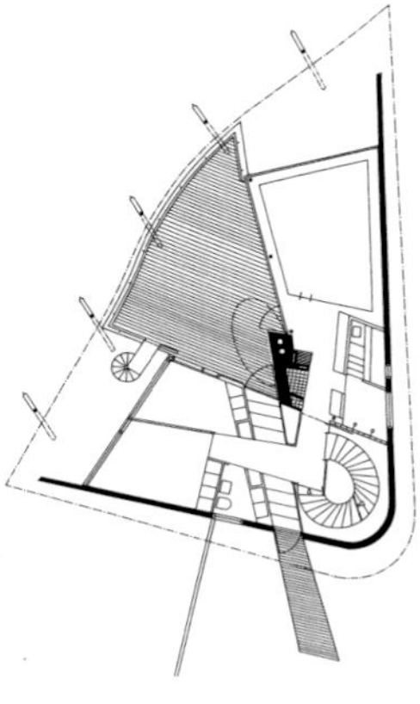

Second floor

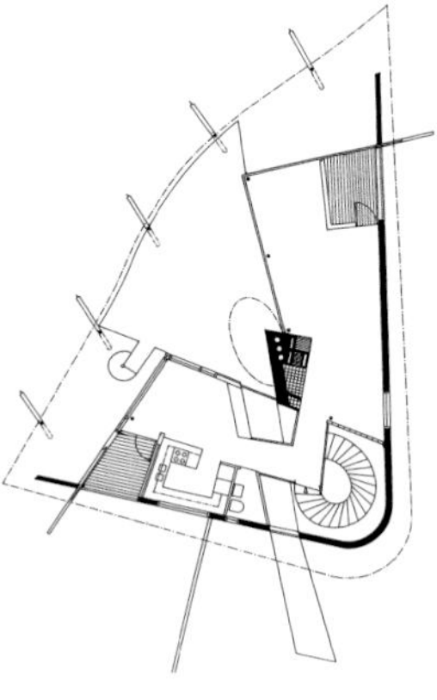

Third floor

Die axonometrische Ansicht verdeutlicht die strukturelle Aufteilung des Hauses. Ein Rahmenwerk aus Metallpfeilern und anderen vertikalen Elementen fungiert als Stütze für das System aus Trägern.

La perspective axonométrique montre clairement la structure de la maison. Un cadre de colonnes métalliques et d'autres éléments verticaux servent de support aux poutres.

The axonometric view clearly shows the structural organization of the house. A framework of metal pillars and other vertical elements function as support for the system of beams.

De perspectivische dwarsdoorsnede toont de indeling van het huis. Een frame van metalen zuilen en andere verticale elementen ondersteunen de balkenconstructie.

Kombination verschiedener Materialien wie
lz und Stahl wirkt dem Eindruck von Strenge
gegen und sorgt für warme Akzente. Ein
tes Beispiel ist die Wendeltreppe im Foyer.

The combination of two different materials like wood and steel prevent rigidity in the house, and create warm finishing touches. A good example is the sculptured staircase which presides over the entrance to the house.

ssociation des matériaux comme le bois et
ier enlève de la rigidité et crée un effet
leureux, comme par exemple l'escalier qui
side l'entrée de la maison.

De combinatie van materialen als hout en staal maakt het huis minder streng en zorgt voor een warm aandoende afwerking. De prachtige trap is daar een voorbeeld van.

In diesem Haus kann das schwedische Sauna- und Baderitual ausgiebig gepflegt werden. Das „Mühlenhaus" genannte Gebäude gehört zu einem alten Bauernhof. Es wurde in ein behagliches Ferienhäuschen verwandelt, das sich als Oase der Ruhe und Entspannung präsentiert. Neben der Sauna wurde ein Swimmingpool errichtet.

This is a demonstration of the Swedish ritual of saunas and baths. The building consists of an annex on an old farm, transformed to create a holiday home. Tl Mill House is a small building which includes spaces dedicated to bathing and relaxing. The little stream which crosses the property was not sufficient for the project so a swimming pool was built ne the sauna.

THE MILL HOUSE

Vingårdh Arkitektkontor

ästra Karup, Sweden

s'agit de la représentation du rituel édois du sauna et des bains. La maison t l'annexe d'une ferme ancienne ansformée en maison de vacances. Le oulin est une petite maison qui mprend des espaces pour le bain et la étente. Le cours d'eau qui traverse la opriété n'était pas suffisant, une piscine donc été construite près du sauna.

In dit ontwerp manifesteert zich het Zweedse ritueel van sauna's en baden. Het huis is een bijgebouw van een voormalige boerderij dat is omgebouwd tot vakantiehuis. The Mill House is een kleine woning, met ruimten voor bad en ontspanning. Het beekje dat door het perceel stroomt, voldeed niet aan de projecteisen, zodat vlak bij de sauna een zwembad gebouwd werd.

Das gesamte Haus ist von einer Zen-Atmosphäre durchdrungen. Die Wohnräume harmonieren perfekt mit der umgebenden Natur, die zu einem Teil des Hauses wird.

In combination with the small dimensions of this building an atmosphere of Zen impregnates this design, in which the natural surroundings mix with and are introduced into the interior space.

Une ambiance zen se dégage de cette maison, aux dimensions intimes. La nature alentour s'y mélange et pénètre dans l'espace intérieur.

De knusse afmetingen van de woning gaan gepaard met een zen-sfeer die het hele ontwerp beheerst. De natuurlijke omgeving komt de binnenruimte in en vermengt zich ermee.

Bei diesem Haus war die Gestaltung von der Idee inspiriert, Wohnraum und Natur so weit wie möglich miteinander zu verschmelzen. Die neutralen Holzfassaden betten das Haus perfekt in die Umgebung ein und seine Struktur harmoniert mit den vertikalen Linien der Bäume. Die Natur wird hier zu einem Teil des Hauses; die Grenzen zwischen Innen- und Außenräumen scheinen aufgehoben.

This house was designed with a view to eliminating any kind of separation between the rooms and the natural setting. The neutral tones of the wood unite the house with its surroundings and its structure harmonizes with the vertical lines of the trees. The environment is introduced into the house visually, minimizing the limits between the interior and exterior spaces.

ꞁILLA LÅNGBO

ꞁlavi Koponen

:emiö, Finland

ette maison a été conçue dans l'idée
'éliminer dans la mesure du possible les
arrières entre les habitants et la nature
ui les entoure. Les tons neutres du bois
onnent une unité et la structure de la
ıaison est en harmonie avec la verticalité
es arbres. Le paysage pénètre
suellement, et réduit les limites entre
intérieur et l'extérieur.

Met het ontwerp van dit huis werd beoogd elke scheiding tussen de bewoners en de omringende natuur weg te nemen. De neutrale kleuren van het hout maken het huis één met de omgeving, en de constructie harmonieert met de verticale richting van de bomen. De omgeving komt visueel het interieur binnen, waardoor de grenzen tussen binnen en buiten minimaal zijn.

Funktionelle Gestaltung im Einklang mit der Natur ist ein Markenzeichen der skandinavischen Architektur. Die offene Raumgestaltung ist typisch für die finnische Bauweise.

Being in tune with nature and being functional are decisive characteristics in Scandinavian architecture. The openness of spaces is one of the differentiating features in Finnish construction.

L'accord avec la nature et la fonctionnalité sont les caractéristiques de l'architecture scandinave. L'ouverture d'espaces est un des traits distinctifs des constructions finlandaises.

Afstemming op de natuur en functionaliteit zijn doorslaggevende eigenschappen van de Scandinavische architectuur. Het creëren van open ruimten is een onderscheidend kenmerk van Finse constructies.

Dieses Haus ist ein schönes Beispiel für zeitlose Architektur in Bezug auf Funktionalität und Ästhetik. Bei der Entwicklung dieses Projektes fanden die historischen und kulturellen Werte des Standortes Berücksichtigung. Das Design zeichnet sich durch die geschickte Verbindung von Raumaufteilung und Funktionalität, Materialien und Texturen sowie Raum und Licht aus.

Architect Erik Ståhl's designs are based on a work hypothesis which allows him to achieve timeless architecture in terms of function and aesthetics. The development of this project centered on the historic and cultural values of the location, and in an adept relationship between function and route, materials and their textures, and space and light.

ILLA ARKETORP

rik Ståhl

rik Perssons Ingenjörsbyrå (constructor),

olf Almqvist (contractor)

nköping, Sweden

s créations de l'architecte Erik Ståhl se
sent sur des concepts qui lui permettent
atteindre une architecture intemporelle
un point de vue fonctionnel et
thétique. Ce projet s'est concentré sur
valeurs historiques et culturelles du lieu,
sur un rapport ingénieux entre les
nctions et les parcours, les matériaux et
urs textures, les espaces et la lumière.

De ontwerpen van architect Erik Ståhl zijn gebaseerd op werkhypothesen die in functioneel en esthetisch opzicht tot een tijdloze architectuur leiden. Dit project richtte zich op de historische en culturele waarde van deze plek, en op een kundige relatie tussen functies en doorgangen, materialen en hun textuur, ruimten en licht.

Die Fassade besteht aus Kiefernholz, das zum Schutz gegen das aggressive Klima und Insektenbefall mit gepressten Ölen behandelt wurde.

The outside of this house was built from plank of pine treated with pressurized oils to prevent deterioration caused by the aggressive climate insects.

La maison est organisée autour d'un couloir central d'où sortent deux petits passages qui font communiquer toutes les pièces, ce qui crée de nombreux espaces de rencontre.

De buitenkant van deze woning werd gemaakt van grenen platen die met drukoliën behandeld werden om ze te beschermen tegen extreme weersinvloeden en insecten.

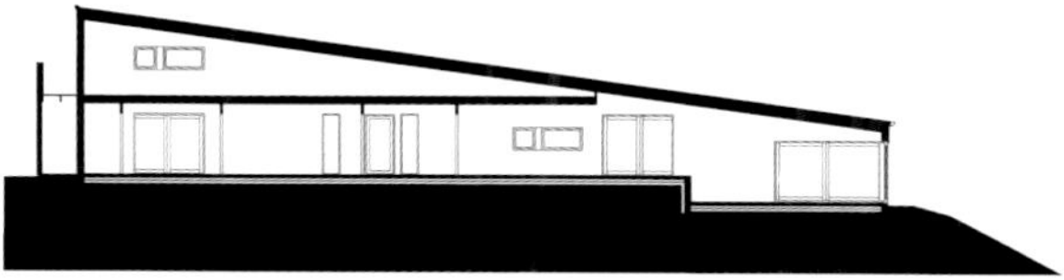

Longitudinal section

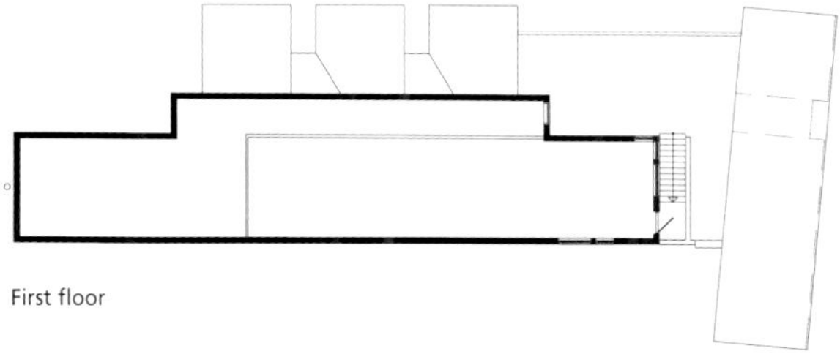

First floor

Ground floor

‐as Arrangement im Innenbereich orientiert sich ‐n einem zentralen Flur, von dem zwei kleine ‐assagen abgehen, die alle Räume miteinander ‐erbinden und viele Orte der Begegnung ‐chaffen.

The house is arranged around a central corridor, off which there are two small passages that connect all the spaces in the house, creating numerous meeting areas.

‐a maison est organisée autour d'un couloir ‐entral d'où sortent deux petits passages qui font ‐ommuniquer toutes les pièces, ce qui crée de ‐ombreux espaces de rencontre.

De woning werd ingedeeld rond een centrale gang vanwaaruit twee kleine gangetjes ontstaan. Deze verbinden alle vertrekken met elkaar zodat veel gemeenschappelijke ruimte ontstaat.

ür Wände und Decken wurde Birkenholz erwendet. Als Kontrast zur hellen Farbe dieses Iolzes erhielten Fenster- und Türrahmen einen lunkelbraunen Anstrich.

Birch plywood is the predominant material for walls and roof. As a contrast to the lightness of this wood, the window and door frames have been painted dark brown.

)u contreplaqué de bouleau recouvre les murs et ılafonds. Pour faire contraste avec la clarté de ce ɔois, les encadrements de portes et fenêtres ont ·té peints en marron foncé.

Gelaagd berkenhout domineert op muren en plafonds. De lijsten van deuren en ramen werden donkerbruin geschilderd om met de lichte houtkleur te contrasteren.

Dieses Haus wurde als Künstleratelier und Oase der Ruhe konzipiert. Ein einziger Raum umfasst vier Bereiche: Atelier, Foyer, Wohnraum und Küche. Alle Bereiche sind durch Schiebetüren mit einem zentralen Kern verbunden. Die Konstruktion besteht aus Holz, verstärkt mit Stahlrahmen.

This house was thought out as a studio for artists and as a refuge in which to rest. A single space contains four areas: studio, vestibule, living room and kitchen, which are all connected to a central nucleus through sliding doors. The house's structure of wood reinforced with steel frames creates a silver finish.

;UMMER HOUSE

ɨenning Larsens Tegnestue

'ejby, Denmark

:ette maison a été conçue comme un
tudio d'artiste et comme un havre de
epos. Un espace unique accueille quatre
ièces : studio, entrée, salon et cuisine, qui
ont reliées à un noyau central par des
ortes coulissantes. La structure de la
naison, en bois renforcé d'encadrements
n acier, donne un effet argenté.

Dit huis moest een studio voor kunstenaars en een plek voor rust worden. Eén enkele ruimte biedt plaats aan vier vertrekken: studio, hal, woonkamer en keuken, die via schuifdeuren in verbinding staan met een centrale kern. De met stalen omlijsting versterkte houtstructuur van het huis zorgt voor een zilverkleurige afwerking.

Die nach Osten zeigende Glasfront ist mit Fensterläden ausgestattet. Werden sie hochgeklappt, gewähren sie Zutritt zur Terrasse und lassen sich zugleich als Sonnenschutz-markisen nutzen.

The east facing wall is closed by blinds which, when open, reveal the balconies that cover this side of the house: in addition, they can be fixed to make awnings.

Quand ils sont ouverts, les deux stores du mur orienté à l'est découvrent les balcons qui bordent cette aile de la maison. Ils peuvent aussi se transformer en vélums.

De oostelijke muur heeft zonwering die geopen de balkons laat zien die zich aan deze kant bevinden. De zonwering kan ook vastgemaakt worden om een zonnedak te vormen.

Dieses Haus liegt in einem Waldgebiet an einem See. Das Gestaltungskonzept basierte auf der Idee, den natürlichen Charakter des Standortes zu bewahren. Das Haus wurde an einer von Birken umgebenen Stelle errichtet und harmonisch in die Landschaft integriert. Die breite Fensterfront macht die Landschaft zu einem Teil des Hauses und lässt die Räume zugleich größer wirken.

This house is situated in an area of forest bound by fields and a lake. The architects based the concept of the project on the idea of conserving the natural state of the location. The house was built on a path surrounded by birch trees and is integrated with the countryside, allowing this to form part of the interior, making it look larger.

VILLA LINNANMÄKI

Risto Huttunen, Santeri Lipasti/Arkkitehtisuunnittelu Huttunen & Lipasti

Somero, Finland

ette maison se trouve dans une région de
rêt délimitée par des champs et un lac.
s architectes ont basé le concept du
ojet sur la conservation de l'état naturel
u lieu. Le bâtiment a été construit sur un
ntier entouré de bouleaux. Il est
arfaitement intégré dans le paysage,
quel pénètre dans l'espace intérieur et
grandit visuellement.

Dit huis staat in een bosgebied dat begrensd wordt door akkers en een meer. De architecten baseerden het ontwerp op de gedachte dat de natuurlijke staat van de plek bewaard moest blijven. Het huis werd gebouwd op een door berken geflankeerd pad en gaat op in het landschap, dat daardoor onderdeel wordt van de binnenruimte en haar visueel verruimt.

Finnische Architektur ist gleichbedeutend mit moderner Architektur. Der Stil zeichnet sich durch eine offene Gestaltungsweise bei gleichzeitiger Anpassung an die extremen Wetterbedingungen aus.

Finnish architecture is synonymous with modern architecture. The style of the architects in this country is characterized by its openness and its adaptation to the extreme weather conditions.

L'architecture finlandaise est synonyme d'architecture moderne. Elle se caractérise par son ouverture et une adaptation des lieux aux conditions météorologiques extrêmes.

Finse architectuur is modern. De stijl van Finse architecten wordt gekenmerkt door openheid en aanpassing aan de extreme plaatselijke omstandigheden.

1. Entrance
2. Bathroom
3. Kitchen
4. Living room
5. Stairs to upper level
6. Dining room
7. Terrace
8. Bedroom

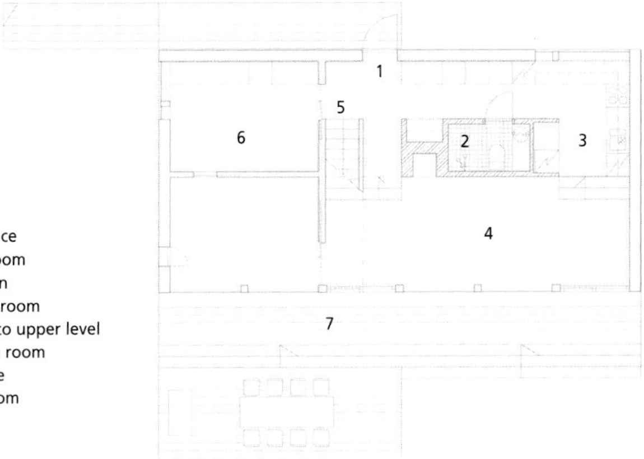

Ground floor plan

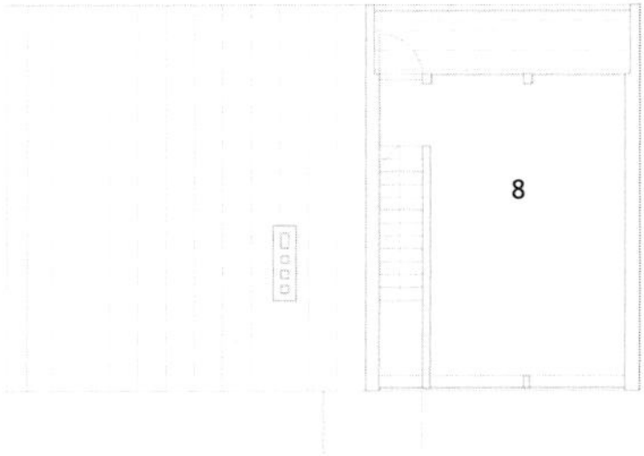

Upper level plan

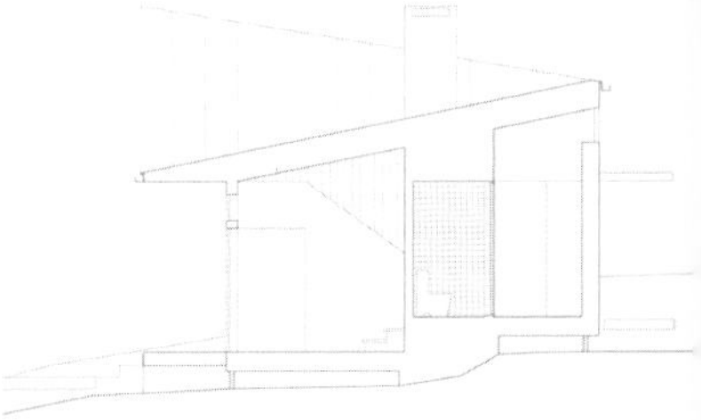

Cross section

Holz dominiert die Inneneinrichtung – ein Material, das aufgrund seiner Vielseitigkeit und seines reichen Vorkommens seit jeher eine wichtige Rolle in der skandinavischen Architektur spielt.

Le bois a été employé comme revêtement intérieur. Ce matériau a toujours eu un rôle important dans l'architecture scandinave en raison de sa versatilité et de son abondance dans ces terres.

Wood was used for the finishes inside, being a material which has always played an important role in Scandinavian architecture given its enormous versatility and its abundance in this part of the world.

Voor de bekleding binnen werd hout gebruikt. Hout is veelzijdig en is in de Scandinavische landen volop aanwezig.

Dieses Haus wurde an einem Berghang erbaut, direkt an einem Skigebiet. Bedingt durch die Geländestruktur besteht der Bau aus zwei Ebenen. Der Innenbereich umfasst einen großzügigen Wohnbereich, der in den Essbereich mit Küche übergeht; dahinter liegen die Schlafzimmer und weitere Privaträume. Beton und Holz betonen das funktionale Design.

This house was built on a mountainside, near a ski resort to which there is direct access. Situated on a slight slope, which was compensated by building two levels, the interior space is divided into private and communal areas. Concrete and wooc were used for the construction, both of which emphasize the functional design of the house.

CHALET IN HEMSEDAL

Christopher Adams, Henriette Salvesen and Kirstin Bartels/Div.A Arkitekter

Hemsedal, Norway

Ce chalet se dresse sur le flanc d'une montagne tout près d'une station de ski, à laquelle on peut accéder directement. La pente a été compensée par la construction de deux niveaux. L'espace intérieur est divisé en pièces communes et privées. La structure de base est en béton et en bois, qui mettent en valeur le design fonctionnel de la maison.

Dit huis staat op een helling vlak bij een skipiste. Door twee verschillende niveaus te bouwen, kon de helling waarop het huis staat in stand worden gehouden. Binnen is de ruimte verdeeld in privévertrekken en gemeenschappelijke vertrekken. Voor de constructie werden beton en hout gebruikt, die het functionele ontwerp van het huis goed doen uitkomen.

Große Fenster lassen viel Sonnenlicht hinein und bieten zudem einen herrlichen Ausblick auf die Landschaft. Bei Anbruch der Dunkelheit schafft dezente Beleuchtung eine behagliche Atmosphäre.

The windows are as high as the façade of the house and allow natural light to flow in while providing views of the magnificent countryside. At night the house becomes an attractive box of light.

Les fenêtres, qui occupent toute la hauteur de la façade, font entrer la lumière du jour et profiter du magnifique paysage. La nuit, la maison se transforme en une jolie boîte de lumière.

De ramen lopen helemaal van onder tot boven, zodat er veel lichtinval is en van het prachtige landschap kan worden genoten. 's Avonds verandert het huis in een aantrekkelijke bron van licht.

\m einen Ende des Hauses befindet sich der
roßzügige Wohnraum, der mit dem höher
elegenen Essbereich durch vier breite
reppenstufen verbunden ist.

At one end of the house, on a rectangular floor, a communal space houses the living room and the dining room. The difference in floor level which enabled the house to be adapted to the mountainside is found in this room.

\ une extrémité de la maison, de forme
ectangulaire, un espace commun abrite le séjour
t la salle à manger. C'est là que se trouve la
ifférence de niveaux qui adapte la construction
u terrain.

Aan één kant van deze rechthoekige woning bevinden zich in één ruimte de woonkamer en eetkamer. Hier is het niveauverschil in de constructie opgenomen, als aanpassing aan de ondergrond.

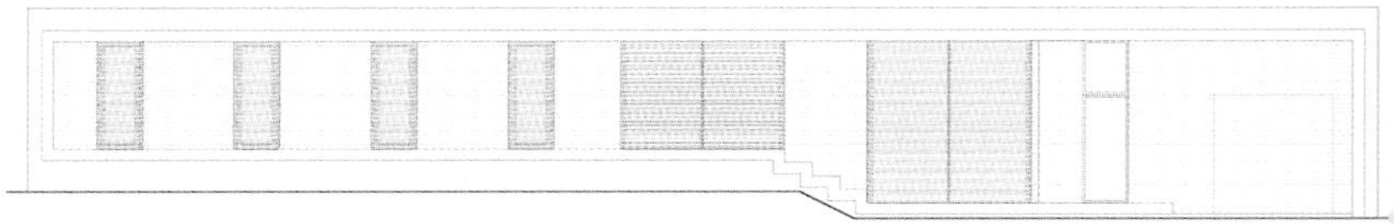

South elevation

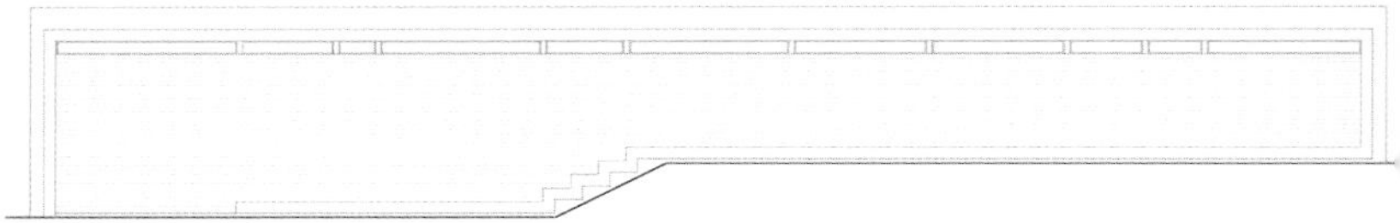

North elevation

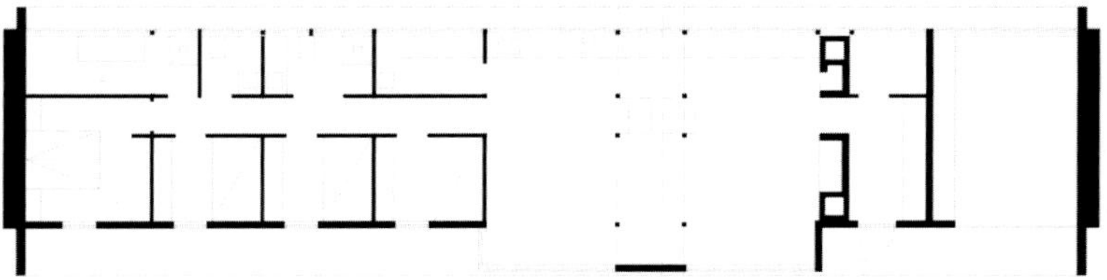

Ground floor

Die Raumaufteilung reflektiert den Wunsch des Auftraggebers, Schlafräume, Bäder und Spa in einem Bereich zusammenzufassen.

The distribution of the house reflects the wishes of the owner that the different bedrooms and the private spaces, such as the bathrooms and the spa, should be grouped together in one area

La distribution reflète le désir du propriétaire de concentrer en une même zone les chambres et pièces privées comme les salles de bain et le spa.

De indeling van de woning voldoet aan de wens van de eigenaar om de slaapkamers en de privévertrekken, zoals badkamers met bijbehorende faciliteiten, in één gebied te concentreren.

Dieses Haus sollte von der Nachbarschaft aus leicht zugänglich sein, aber dennoch über genug Privatsphäre verfügen. Die Räume wurden in Abhängigkeit von Sonneneinstrahlung und Funktionalität angeordnet. Um das Haus perfekt in die Natur einzubetten, wurde es mit einem speziellen Material verkleidet, auf dem die für die Umgebung typischen Bäume fotografisch abgebildet sind.

When the architects thought out this project the principal challenge was to create a house with easy access to neighboring houses, but at the same time with private areas. Each section was positioned according to the sunlight and located according to its function. An original material with a pattern of plants covers the house, integrating it visually with its surroundings.

JUNIPER HOUSE

Murman Arckitekter

Gotland, Sweden

orsque les architectes se sont attelés à ce rojet, ils se sont fixé pour but de créer ne maison qui permette le contact avec es maisons voisines, tout en prévoyant des ones privées. Chaque espace a été orienté ar rapport à la lumière, et placé selon sa onction. Une toile originale aux motifs égétaux recouvre la maison et l'intègre isuellement dans le paysage.

Toen de architecten met dit ontwerp begonnen, stelden ze zich als doel een woning te maken die zowel in verbinding stond met de huizen ernaast als privéruimten had. Elk deel werd georiënteerd op het zonlicht en kreeg afhankelijk van zijn functie een plek. Een origineel kunststofmateriaal met groenmotieven omhult het huis en laat het visueel in de omgeving opgaan.

Die zentrale Küche fungiert zugleich als Esszimmer. Die großen Fenster und Glasschiebetüren geben den Blick auf die Natur frei und schützen zugleich vor Wind, Regen und Kälte.

The central kitchen also functions as the dining room. The enormous windows and sliding glass doors which surround it provide contact with nature and ease the extreme temperatures.

La cuisine centrale sert aussi de salle à manger. Les grandes baies vitrées et portes coulissantes en verre facilitent le contact avec la nature et soulagent des températures extrêmes.

De centrale keuken heeft ook de functie van eetkamer. Door de grote ramen en glazen schuifdeuren rondom staat de ruimte in contact met de natuur en worden extreme temperature getemperd.

Bei diesem Bau handelt es sich um ein renoviertes altes Schulhaus. Große Flächen und minimalistisches Design prägen die Gestaltung. Weiß dominiert die asketisch wirkende Inneneinrichtung. Unter Beibehaltung der alten Baustruktur wurden die Klassenzimmer in moderne Wohnräume verwandelt. Glasschiebetüren und große Fenster lassen viel Licht herein.

A typical Swedish school was transformed to make this home with wide spaces and minimalist lines. The designers produced an austere character inside, in which white is the predominant color, and converted the old classrooms into communal spaces housing different areas. Sliding glass door and large windows let in natural light.

VILLA RÅMAN

Claesson Koivisto Rune Arkitektkontor

weden

ne école typiquement suédoise a été ansformée en maison aux espaces vastes t aux lignes minimalistes. Les décorateurs nt donné une ambiance austère à intérieur, où le blanc domine, et ont ansformé les anciennes salles de classe n pièces communes qui abritent plusieurs spaces. Des portes coulissantes en verre t de grandes fenêtres permettent à la ımière d'entrer.

Een typisch Zweedse school werd omgebouwd tot deze woning van ruime afmetingen en minimalistische lijnen. De ontwerpers gaven het interieur een sober aanzien waarin de kleur wit domineert. De voormalige klaslokalen werden veranderd in gemeenschappelijke ruimten voor diverse doeleinden. Glazen schuifdeuren en grote ramen zorgen voor veel lichtinval.

Um visuelle Kontinuität herzustellen, wurden Tür und Wand zwischen Küche und Esszimmer entfernt. Der schwarz angestrichene Kamin hebt sich reizvoll vom Weiß der Wände und Decke ab.

The absence of doors inside creates visual continuity between the kitchen and the dinning room. The fireplace, painted black, stands out attractively against the white, homogenous interior.

À l'intérieur, l'absence de portes crée une continuité visuelle entre la cuisine et la salle à manger. La cheminée, peinte en noir, est mise en valeur par l'homogénéité du blanc.

De afwezigheid van deuren zorgt voor visuele continuïteit tussen keuken en eetkamer. De zwartgeverfde haard steekt mooi af tegen het homogene wit van het interieur.

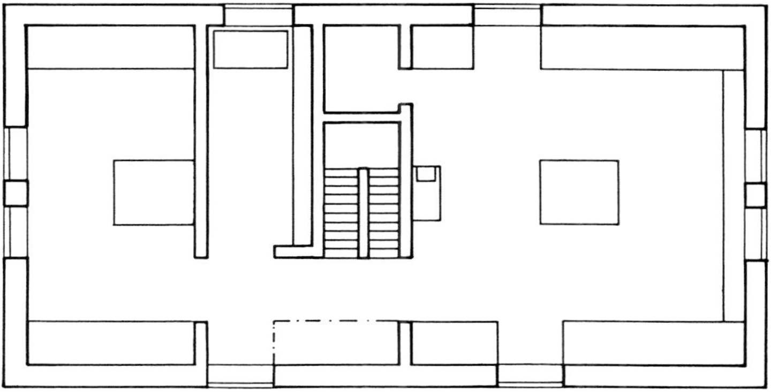

Ground floor plan

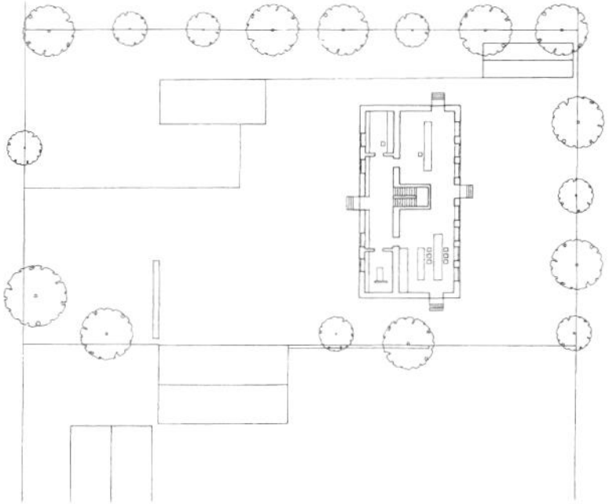

Site plan

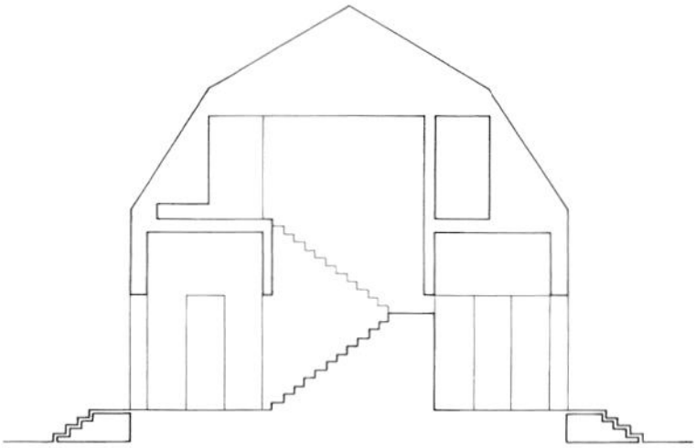

Cross section

ꟷn Badezimmer, das frei von jeglichem Dekor ist, vurde der im übrigen Haus übernommene alte łolzboden durch rustikale Fliesen ersetzt. Platz parende Regale komplettieren die Einrichtung.

Dans la salle de bain, sans aucun élément lécoratif, le sol en bois du reste de la maison a té remplacé par des carreaux de style rustique. Jne étagère qui prend le moins de place possible a été accrochée.

In the bathroom, completely free of decorative elements, the wooden floor used in the rest of the house was replaced with rustic tiles, and a set of shelves which occupy very little space have been placed here.

In de badkamer, die vrij is van overbodige ornamenten, liggen rustieke tegels op de vloer. In de rest van het huis is hout voor de vloer gebruikt.

GUBI

Komplot Design/Gubi

2003

YTHON

omplot Design/BFDF

)04

Aigars Altenbergs

Boomerang indoor walnut

Boomerang indoor black

BOOMERANG

Design By Us

1999

PENZER

ils-Ole Zib/Källemo

004

Källemo

ONO

Hans Thyge/R. Randers

2003

MPRINT

ohannes Foersom & Peter Hiort-Lorenzen/Lammhults Möbel

:005

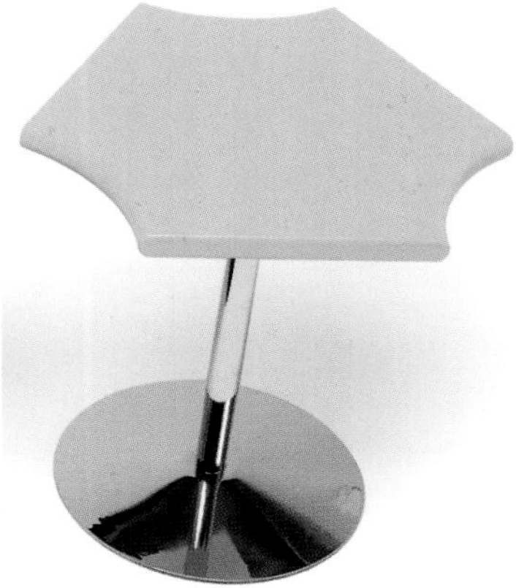

DNA TABLE

Eero Koivisto/Offecct

2003

BIG HUG

Anna von Schewen/Gärsnäs

2005

UGO

Norway Says – Anderssen, Engesvik & Voll/L. K. Hjelle

2004

ADDONE AND ADDTWO (without arm)

Anya Sebton/Lammhults

2002

COOPER

Gunilla Allard/Lammhults

2003

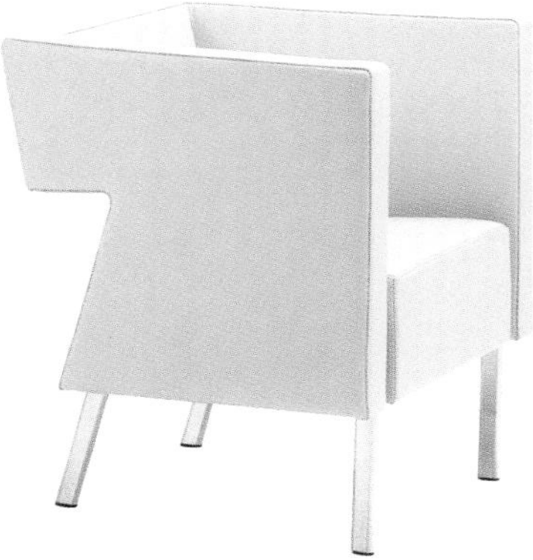

·UNDAY

.ove Arbén/Lammhults

·001

Э Studio Wahlgren

SPEYSIDE

Jonas Lindvall/de Nord

2003

© Johan Kálen

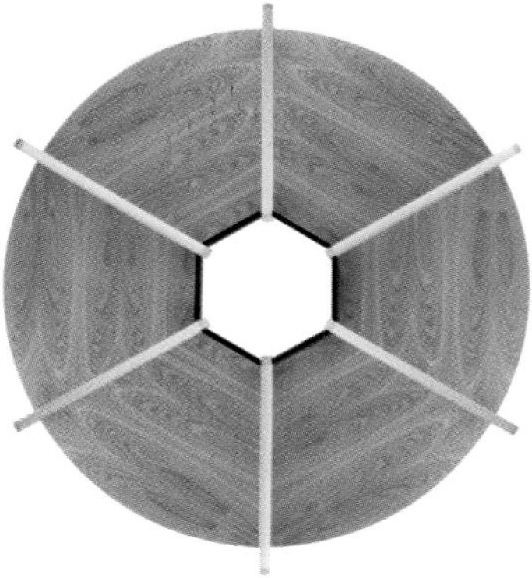

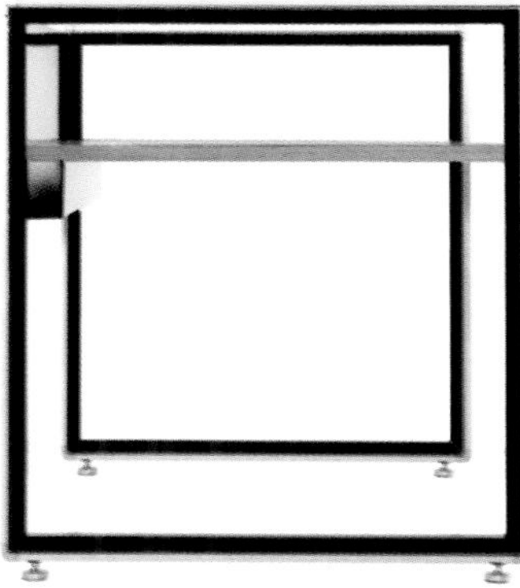

INDEX STUDY TABLE

Björn Dahlström/Eurobib

2004

EVA SOLO knife magnets

Tools Design (Claus Jensen, Henrik Holbæk)/EVA Denmark

2004

EVA SOLO tea maker

Tools Design (Claus Jensen, Henrik Holbæk)/EVA Denmark

2004

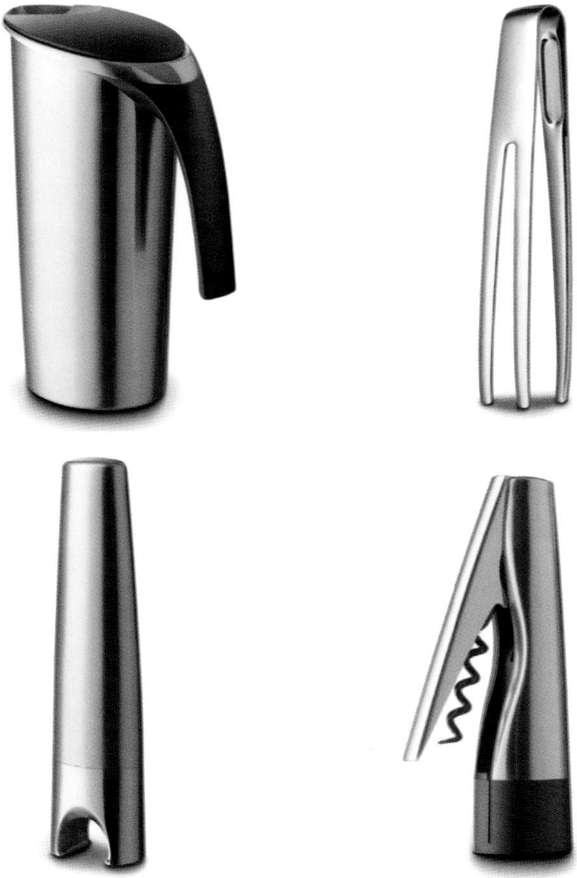

VERTICA BAR & WINE SET

DesignIt/Georg Jensen

2005

QUACK

Maria Berntsen/Georg Jensen

2003

© Georg Jensen

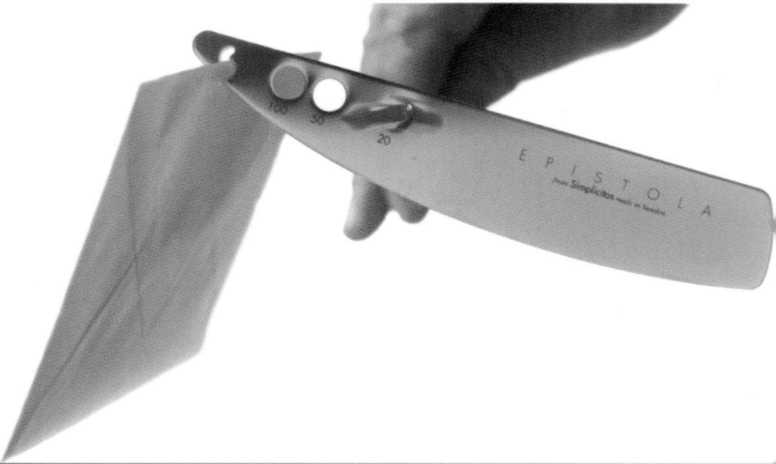

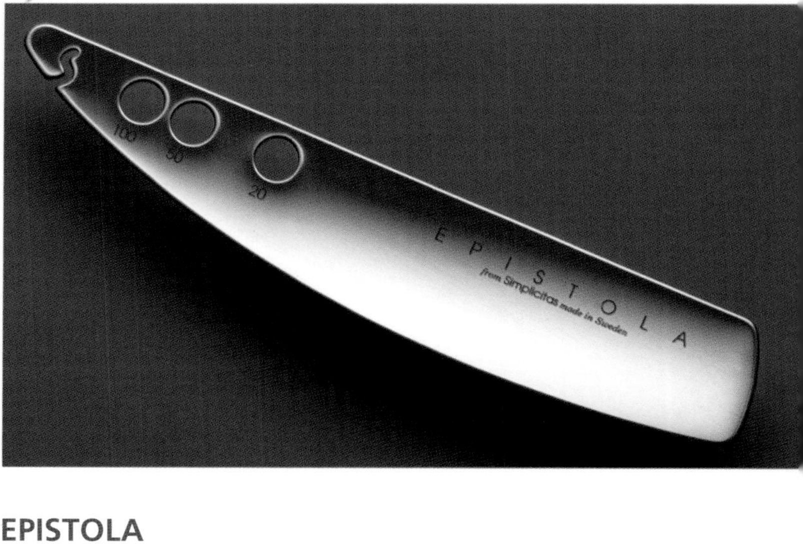

EPISTOLA

Teo Enlund/Simplicitas

1995

SERVING COLLECTION

Lovorika Banovic, Pernille Vea/Menu

2004

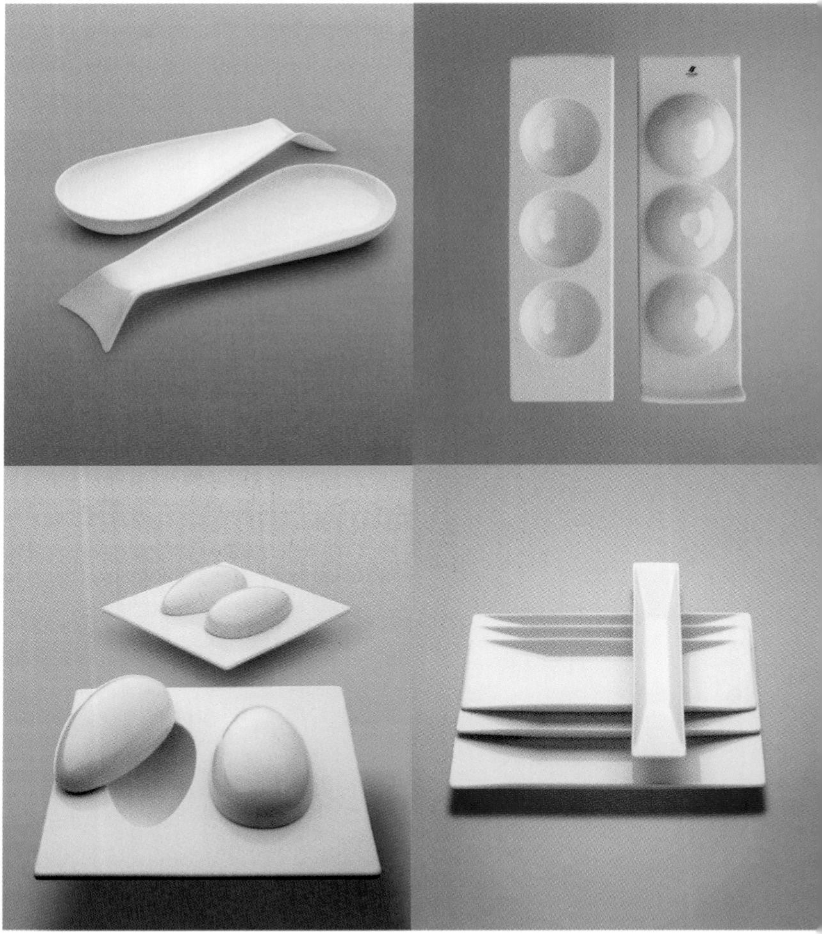

FRONT AND TING SERIES

Hval by Olav Joa by Inhouse Design Figgjo/Figgjo. 2003

Rektangel by Sebastiano Cossia Castiglioni/Figgjo. 2003

Egg by Jens Olav Hetland/Inhouse Design Figgjo. 2004

Form Trays by Jens Olav Hetland/Inhouse Design Figgjo. 2000

LAMINAPLUSLIBER

Olof Söderholm/Simplicitas

2000

GLOBLOW LIGHT COLLECTION

Vesa Hinkola, Markus Nevalainen, Rane Vaskivuori/David design

2002

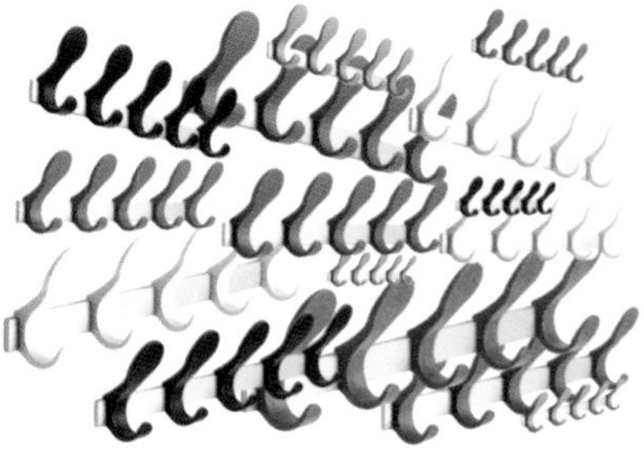

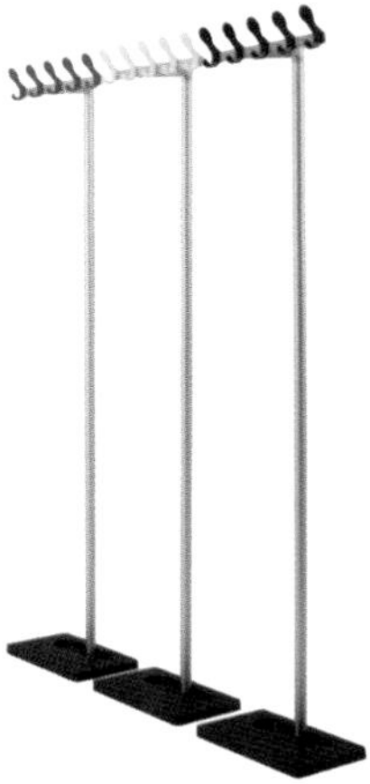

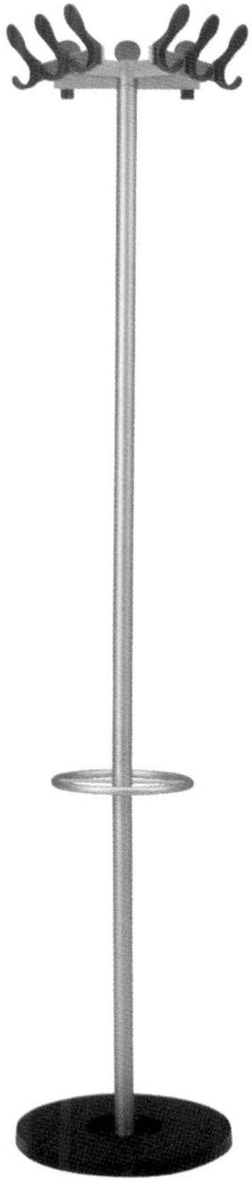

STAND BY

Ruud Ekstrand/Lammhults

2004

INFO

Ruud Ekstrand/Lammhults

2004

worX

3xU arkitektur & design, BERNSEN Enterprise Design,

Duba Møbelindustri/Duba Møbelindustri

2004

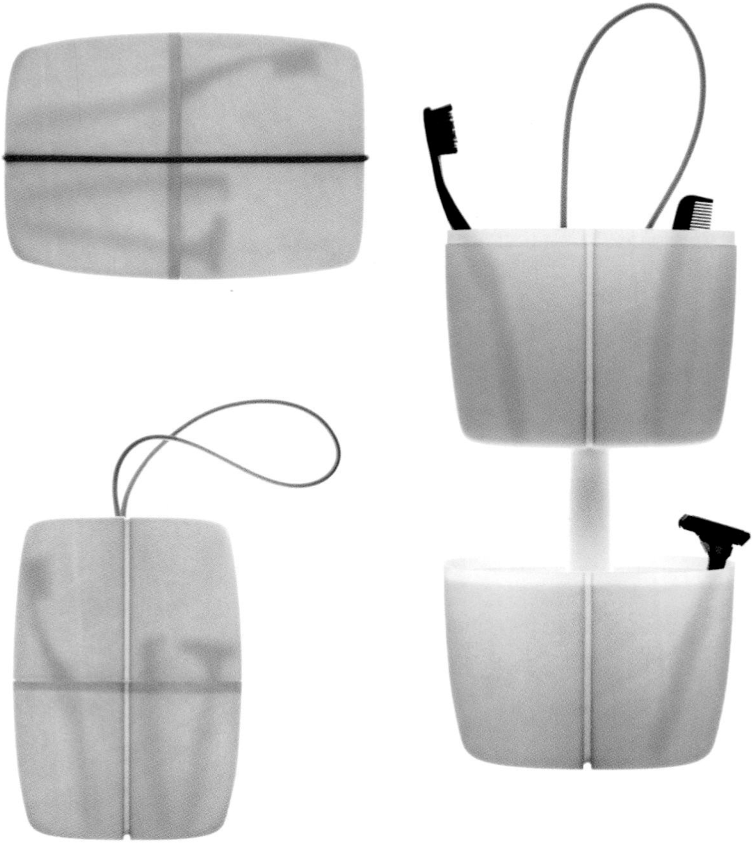

URBANA

Björn Dahlström/Simplicitas

2005

SPACE SERIES, MEMORY BOARDS

Magnetic board, white board, letter rack, key rack by DesignIt/Georg Jensen

2003

BEOCENTER 2

David Lewis/Bang & Olufsen

2004

ʒEOVISION 7

Ɔavid Lewis/Bang & Olufsen

ʾ004

ARCHITECTURE DIRECTORY

pg. 14 **Rogers Marvel Architects, PLLC**
KHR arkitekter AS
Kanonbådsvej 4, 1437 Kbh K, Ballerup, Denmark
+ 45 41 21 70 00
www.khr.dk
© Ib Sørensen

pg. 20 **P.K. Hönnun Arkitektar**
Höfdatún, 12, 105 Reykjavík, Iceland
+ 354 551 80 50
www.pk.is
© Åke E:son Lindman

pg. 24 **Arkitektstudio Widjedal**
Artillerigtan 28, SE-114 51 Stockholm, Sweden
+ 46 8 50 21 59 43
www.wrb.se
© Åke E:son Lindman

pg. 30 **Medvind**
Holländargatan 29, Box 45442, 104 31 Stockholm, Sweden
+ 46 8 30 70 90
www.medvind.com
© Åke E:son Lindman

pg. 38 **Hulting Arkitekter AB**
Kolonigatan 4, S-413 21 Gothenburg, Sweden
+ 46 31 20 43 30
www.meterarkitektur.se
© James Silverman

pg. 44/62/124 **Jarmund/Vigsnæs AS Arkitekter Mnal**
Hausmannsgate 6, 0186 Oslo, Norway
+ 47 22 99 43 43
www.jva.no
© Nils Petter Dale

pg. 48 **Tham & Videgård Hansson Arkitekter**
Blekingegatan 46, 116 62 Stockholm, Sweden
+ 46 8 702 00 46
www.tvh.se
© Åke E:son Lindman

pg. 54 **Skaara Arkitekter**
Drammensveien 130c, Inngang Verkstedsveien C-22, 0277 Oslo, Norwey
+ 47 22 12 50 60
www.skaara.no
© Espen Grønli

pg. 66 **Carl-Viggo Hølmebakk**
Sofies Gate, 70 A, 0168 Oslo, Norway
+ 47 970 01 62 28
© C.V. Hølmebakk, Per Bernsten

pg. 72 **Markku Hedman**
+ 358 40 702 48 84
© Markku Hedman

pg. 76/102 **Flemming Skude**
Flemming Skude & Ivar Moltke
Åbenrå, 33, 1024 København K., Denmark
+ 45 33 32 67 46
www.flemmingskude.dk
© Flemming Skude

pg. 84 **Tham & Videgård Hansson Arkitekter**
Blekingegatan, 46, 116 62 Stockholm, Sweden
+ 46 8 702 00 46
www.tvh.se
© Åke E:son Lindman

pg. 90 **Christopher Adams and Henriette Salvesen/Div.A Arkitekter**
Industrigaten, 52, 0357 Oslo, Norway
+ 47 22 85 38 00
www.diva.no
© Espen Grønli, Div.A Arkitekter

pg. 98 **Claus Hermansen**
www.claus-hermansen.dk
Filmbyen, 23, 8000 Århus C., Denmark
+ 45 87 34 07 55
© Anders Kavin

pg. 110 **John Pawson**
Unit B, 70-78 York Way, London N1 9AG, United Kingdom
+ 44 20 78 37 29 29
www.johnpawson.com
© Åke E:son Lindman

pg. 120/134 **Todd Saunders**
Vestre Torggate, 22, NO 5015 Bergen, Norway
+ 47 55 36 85 06
www.saunders.no
Tommies Wilhelmsen
Grannestunet, 12, 4052 Røyneberg, Norway
+ 47 917 444 76
www.tommie-wilhelmsen.no
© Saunders & Wilhelmsen
© Bent Renè Synnevag

pg. 140 **Staffan Strindberg/Strindberg Arkitekter**
Stortorget, 38, S-392 31 Kalmar, Sweden
+ 46 480 144 53
www.strindberg.se
© James Silverman

ɔg. 144/214 **Claesson Koivisto Rune Arkitektkontor AB**
Östgötagatan, 50, SE-116 64 Stockholm, Sweden
+ 46 8 644 558 63
www.claesson-koivisto-rune.se
© Åke E:son Lindman
© Patrik Engquist

ɔg. 154 **Jyrki Tasa**
Kalevankatu, 31, 00100 Helsinki, Finland
+ 358 9 686 67 80
www.n-r-t.fi
© Jussi Tiainen & Jyrki Tasa

ɔg. 162 **Wingårdh Arkitektkontor AB**
Katarinavägen, 17, SE 116 45 Stockholm, Sweden
+ 46 8 447 40 80
www.wingardhs.se
© Åke E:son Lindman

ɔg. 170 **Olavi Koponen**
Apollonkatu, 23, B 39, 00100 Helsinki, Finland
+ 358 9 44 10 96
www.kolumbus.fi/olavi.koponen
© Jussi Tiainen

g. 176 **Erik Ståhl**
Box 113, 331 21 Värnamo, Sweden
+ 46 370 188 20
www.bsv.se
© Jan-Erik Ejenstam, Erik Ståhl

g. 184 **Henning Larsens Tegnestue**
Vesterbrogade, 76, 1620 København V., Denmark
+ 45 82 33 30 00
www.hlt.dk
© Jens Lindhe

g. 188 **Risto Huttunen, Santeri Lipasti/Huttunen-Lipasti-Pakkanen Architects**
Hietalahdenkatu, 9 B T3, 00180 Helsinki, Finland
+ 358 9 694 77 24
www.h-l-p.fi
© Marko Huttunen

g. 196 **Christopher Adams, Henriette Salvesen, Kirstin Bartels/Div.A Arkitekter**
Industrigaten, 52, 0357 Oslo, Norway
47 22 85 38 00
www.diva.no
© Div.A Arkitekter, Michael Perlmutter

g. 206 **Murman Arckitekter**
Peter Myndes, Backe, 12 - 118 46 Stockholm, Sweden
46 8 462 14 50
www.murman.se
© Åke E:son Lindman

Bang & Olufsen
+ 45 96 84 45 25
www.bang-olufsen.com
BFDF/Chairbaltic
+ 371 728 92 98
www.bfdf.lv/engl
David Design
+ 46 40 30 00 00
www.daviddesign.se
de Nord
+46 40 47 35 75
www.denord.com
Duba Møbelindustri
+ 45 70 10 24 30
www.b8.dk
Eurobib
+ 46 46 31 18 00
www.eurobib.se
Eva Denmark
+ 45 36 73 20 60
www.evadenmark.com
Figgjo
+ 47 51 68 35 00
www.figgjo.no
Gärsnäs
+ 46 8 442 91 50
www.garsnas.se
Georg Jensen
www.georgjensen.co
Gubi
+ 45 33 32 63 68
www.gubi.d
L.K. Hjelle
+ 47 70 25 44 00
www.hjelle.no
Lammhults Möbel AB
+ 46 472 26 95 00
www.lammhults.se
Menu
+ 45 48 40 61 00
www.menu.as
Offecct AB
+46 504 415 00
www.offecct.se
R. Randers A/S
+45 87 80 22 22
www.r-randers.dk
Simplicitas AB
+46 8 661 00 91
www.simplicitas.se